BtoBのための
マーケティング
オートメーション
正しい選び方・使い方

日本企業のマーケティングと営業を考える

シンフォニーマーケティング株式会社　庭山一郎 著

SE SHOEISHA
MarkeZine BOOKS

はじめに

　私がはじめてマーケティングオートメーションというカテゴリーを知ったのは2000年代初頭の頃です。所属している米国ダイレクトマーケティング協会（DMA）のニューヨーク本部で、当時カナダのベンチャー企業だったEloquaの話を聞いたときでした。それまで普及していたメール配信サービスとはまったく異なり、BtoBマーケティング用のプラットフォームとして設計され、データマネジメントから、ナーチャリング、マルチコンタクトポイントでのスコアリングまでが可能なうえに、SFA（セールスフォースオートメーション）とのAPI連携機能も実装しており、これは大きく成長するだろうと思いました。

　やがて、私が代表取締役を務めるシンフォニーマーケティングの外資系クライアントの中にもマーケティングオートメーションを使う企業が出てきました。彼らはグローバルでEloqua、Marketoなどを利用している企業なので日本法人も使わなければならなかったのです。そうした企業のデータマネジメントやリードナーチャリングをサポートする中で、我が社は日本で最も早くからマーケティングオートメーションを運用する企業になっていました。

　そして、まだ日本に法人も代理店もなかった各社の欧米のオフィスに、日本のユーザーからのローカライズや開発の要望を伝えることを目的に訪問しました。トロントやボストン、ロンドンなどのEloquaの拠点や、サンマテオのMarketoの本社などです。

　現在、シンフォニーマーケティングは、日本オラクル株式会社、株式会社マルケト、日本アイ・ビー・エム株式会社の正規代理店になっており、同時に株式会社セールスフォース・ドットコムや日本マイクロソフト株式会社のパートナーという、日本ではまだ少ないマーケティングオートメーションのマルチベンダーになったのはこうした歴史からです。

そのマーケティングオートメーションが2014年から続々と日本市場に上陸し、「マーケティングオートメーション（MA）」という言葉もバズワードのようになっています。長年このフィールドにいる我が社にも、「MAのことを教えてほしい」『社内勉強会を開催したい』『セミナーで講演をしてほしい』「コラムを執筆してほしい」と本当に多くのご依頼をいただくようになりました。MAをプラットフォームにしたデマンドセンターは、確かに日本企業のマーケティングとセールスを劇的に変革する可能性をもっています。でも、その可能性を引き出すには正しく理解することが絶対に必要なのです。こうした想いを背景にこの本は誕生しました。

私にとって4冊目になるこの本は、これまでに上梓した3冊と違って、非常に多くの方のご協力をいただきました。

本当に激務の中を、インタビューに協力して運用事例を語ってくださった日本電気株式会社の東海林直子様、ルネサス エレクトロニクス株式会社の関口昭如様、ブロケード コミュニケーションズ システムズ株式会社の橋村抄恵子様。マーケティングが創出したリードをフォローする営業の立場で座談会にご協力いただいた、大成建設株式会社の上田茂数様、株式会社データビークルの油野達也様、山洋電気株式会社の田添裕康様、ベリタス・コンサルティング株式会社の坂尾晃司様。本当にありがとうございました。

そして、各ソリューションの歴史、企業文化、開発コンセプト、特徴などのインタビューに快く応じていただいた、日本オラクル株式会社の中嶋祐一様、横大路牧子様、忽那敏章様、日本アイ・ビー・エム株式会社の伊東祐治様、株式会社マルケトの小関貴志様、清水真理様、日本マイクロソフト株式会社の宇根靖人様、アドビ システムズ株式会社の国和徳之様、上原正太郎様、坂田彩様、株式会社セールスフォース・ドットコムの御代茂樹様、田崎純一郎様、そしてHubSpotのRyan Bonnici様と、そのインタビューをアレンジしてくれた株式会社スケダチの高広伯彦様、本当にありがとうございました。

この本の企画は、翔泳社マーケジン編集部の井浦薫氏の提案によるものです。取材や対談にも同席し、プロの編集者として貴重なアドバイスをいただきました。あらためて感謝申し上げます。

この本の後半のユーザーインタビュー、座談会、そして各ベンダーへのヒアリングなどはすべてシンフォニーマーケティングの取締役 兼 COOの丸山直子が企画・実施したものです。彼女は本書の構想や編集作業にも深く関わってくれました。膨大な作業を短時間で効率良く仕上げる才能にはあらためて驚かされました。彼女の希望で本書のクレジットは私一人になっていますが、この本は私と丸山直子の共著と言えるものです。

また、出版社とのやりとりや、インタビューの日程調整、膨大な校正などについては、シンフォニーマーケティングのマーコムリーダーの渡邊嘉子が事務局としての役割を果たしてくれました。さらに、弊社の多くのスタッフが取材やテープ起こし、校正に協力してくれました。この場を借りてお礼を言いたいと思います。

会社では集中して書くことができない私は、赤城山麓にあるシンフォニーの森の小さなコテージで大半を執筆しました。ほぼ5週間の週末と休日のすべてを執筆にあてた私を、快く応援してくれた家族にお礼を言わなければなりません。執筆中に奥さんが淹れてくれるコーヒーは、いつもとても美味しいものでした。

シンフォニーマーケティング株式会社
庭山一郎

もくじ

第2章

第3章

第 1 章

マーケティングオートメーション その歴史と役割

- なぜ今、マーケティングオートメーションなのか？
- マーケティングオートメーションを選ぶために
  理解しなければならないこと
- 日本がマーケティング後進国になった理由
- デマンドジェネレーションとは
- デマンドセンター、それは営業を本質的にサポートする仕組み
- デマンドセンターが必要な 3 つの理由
- 第三世代の SFA の補完機能として誕生した
  マーケティングオートメーション
- マーケティングオートメーションの「ルーツと個性」
- 代表的なマーケティングオートメーション製品

なぜ今、マーケティングオートメーションなのか？

マーケティングオートメーション（Marketing Automation）は、米国では2000年代初頭から普及し、今では中堅以上の多くの企業が普通に使っているマーケティングツールです。日本市場への導入は、言語ローカライズ、個人情報関連の法律などいくつかの理由で米国より10年以上遅れましたが、2014年になってようやく**Eloqua**（エロクア）、**Marketo**（マルケト）、**Silverpop**（シルバーポップ）、**HubSpot**（ハブスポット）など、米国で高いシェアと成功事例をもつ製品が国内でも使えるようになりました。2015年もこの勢いは止まらず、アドビ システムズ（以下アドビ）、マイクロソフト、セールスフォース・ドットコムなどが次々と国内向けに製品をリリースし、世界標準のラインナップの中から選択できる時代になりました。

2014年まではほとんど存在しなかった日本のマーケティングオートメーション市場に、怒涛のように次々と強力な製品が投入されたことで、**「マーケティングオートメーション（MA）」**という言葉がバズワードになり、多くのメディアでも取り上げられました。しかし、その中で言葉の解釈や製品のカテゴリーをめぐって若干の混乱も起きています。

「戦略経営論の父」とまで言われ、現代の企業経営やマーケティングに大きな影響を与えた経営学者イゴール・アンゾフ博士は、

- 戦略（Strategy）
- 組織（Structure）
- システム（System）

の「３Ｓ」の要素の重要性を提唱しました。この基本はマーケティングオートメーションの導入においてもまったく同じです。しかし私には、アンゾフ博士が今から50年以上前に打ち立てたこの「３Ｓ」が、日本のマーケティングオートメーションの導入に関してはまったく考慮されていないように見えます。マーケティングオートメーションを活用して何をするのかの戦略もなく、それを実現する組織もないまま、流行のシステムを導入し、結果的に導入失敗になっているケースが早くも出始めています。

私は、**日本企業の唯一の弱点はマーケティング**だと考えています。特に海外売上比率が高く、グローバルで戦っている製造業を中心としたＢtoＢ企業にとって、マーケティングの強化は死活問題です。マーケティングが弱いことに起因する多くの問題が日本企業を蝕んでおり、この突破口はマーケティングオートメーションをプラットフォームとして構築する「デマンドジェネレーション」であることは火を見るより明らかなのです。

だからこそ流行に振り回されるのではなく、将来を見据えた経営戦略の中でマーケティングの段階的な強化を掲げ、その第一歩として、「デマンドセンター」という名のマーケティングインフラの整備に取り掛かるべきなのです。

詳細は本章で後述しますが、**法人営業**、すなわち**「B toB（Business to Business）」**の世界で、良質の案件を営業や販売代理店に供給するプロセスを**「デマンドジェネレーション」**と言います。そしてデマンドジェネレーションを担当する組織を**「デマンドセンター」**と呼びます。このデマンドセンターがインフラとして使うツールが**マーケティングオートメーション**なのです。これからのB toBマーケティングには必須の仕組みと言ってもよいでしょう。

私は米国ニューヨークに本部を置くダイレクトマーケティング協会（Direct Marketing Association：DMA）の会員です。このDMAや、2001年にリサーチファームのガートナーから独立したシリウスディシジョンズ（SiriusDecisions）などの情報ソースから、米国で「マーケティングオートメーション」というカテゴリーが誕生した直後からウォッチしていました。最初のマーケティングオートメーションと呼ばれるEloquaのトロント、ボストン、ロンドン、シンガポールのすべてのオフィスを訪問した唯一の日本人だと言われたこともあります。そうした経験を通して学んだことをこの本にまとめました。

マーケティングオートメーションと、それをプラットフォームとして構築されるデマンドセンターが、日本企業をどう変革するのか、この本ではその答えを探して行くことにします。

マーケティングオートメーションを選ぶために理解しなければならないこと

マーケティングオートメーションの導入にあたって自社に合ったものを選定するには、まず「マーケティングオートメーションとは何か」を知らなければなりません。知らないものは選べないし、使えないからです。

まず、マーケティングオートメーションの理論的背景から説明しましょう。先ほども触れたシリウスディシジョンズは２００２年に「Demand Waterfall」と呼ばれるモデルを発表しました。そこではＢ to Ｂのマーケティング活動で作られる案件を**ＭＱＬ（Marketing Qualified Lead）**、営業が訪問やコールによって絞り込んだ案件を**ＳＱＬ（Sales Qualified Lead）**と呼びます。ＳＱＬの中身はＭＱＬを営業が受け入れた**ＳＡＬ（Sales Accepted Lead）**と、営業みずから創出した引き合いに相当する**ＳＧＬ（Sales Generated Lead）**

図1-1　4つのリード

MQL（Marketing Qualified Lead）
マーケティング活動でつくられる案件
SQL（Sales Qualified Lead）
営業が訪問やコールによって絞り込んだ案件
SAL（Sales Accepted Lead）
MQLを
営業が受け入れたもの
SGL（Sales Generated Lead）
営業が創出した
「引き合い」に相当するもの

で構成されています。マーケティングオートメーションを活用する際には、こうした用語やさまざまな概念図が出てきますので、しっかり覚えてください。

「日本企業はマーケティングが弱い」と言われますが、その理由のひとつには、ＭＱＬを創出して営業や販売代理店に供給する仕組みをもっていないことがあげられます。マーケティングオートメーションをプラットフォームにして構築するデマンドセンターはまさにそのための仕組みなのです。

私は日本で、このデマンドセンターの構築と運用に20年以上携わってきました。その関係で最近よくいろいろな方から

「ＭＡって良いですか？」

とか、具体的な製品名をあげて

「○○○というＭＡはどうですか？」

などと質問されることが多くなりました。実はこの質問に答えるのは簡単ではないのです。たとえば、車にくわしい人が知人から「ポルシェ９１１って良い車ですか？」と質問されれば、「はい、もちろん良い

車ですよ」と答えると思います。でも、その車の利用目的が「キャンプが好きなので家族4人で山にキャンプに行くときに使いたい」ということになれば、答えはまったく違うものになります。

「そもそも2人しか乗れませんし、荷物も多くは積めません。車高が低いのでオフロードは走れませんから、キャンプならほかの車にしたほうが良いですね」とアドバイスするでしょう。誰が運転するかも大きな問題です。オートマチック限定免許では運転できない車ですし、免許をもっていたとしても、時速100キロまでの加速に3秒ちょっとしかかからない途方もない馬力の車です。運転があまり得意でない人がハンドルを握れば考えただけでも恐ろしいことになるでしょう。

何でもそうですが、**「目的に対して最適か?」**ということが重要であり、マーケティングオートメーションでもそれはまったく同じです。ですからまず目的、つまりマーケティング戦略設計が重要なのです。自分の会社が行うべきマーケティング戦略を策定し、それを実現するための具体的な戦術が決まれば、それが要件となって、ツール（MA）を正しく選定することができるのです。

この本ではできるだけわかりやすく、マーケティングオートメーションとそれを使って構築するデマンドセンターとはいかなるものか、それが日本企業のどの問題を解決し、マーケティング戦略をどう変革していくのかを説明しようと思います。

我々は今、日本のBtoBマーケティングの夜明けに立っています。

日本がマーケティング後進国になった理由

マーケティングの先進国である米国でマーケティングオートメーションを活用したデマンドジェネレーションや、それを担当する組織「デマンドセンター」が整備され始めたのはもう15年も前からです。今日では、欧米の企業には「デマンドセンター」や「デマンドジェネレーション」という名前の組織は普通に存在しますし、そこではマーケティングで経験を積んだ専門スタッフがマーケティングオートメーションを駆使して案件を創出し、営業や販売パートナーに供給しています。

一部の外資系企業を除けば、日本でこのプロセスを担当する部署をもつ企業はほとんどありません。しかし、日本企業の経営層もマーケティングを強化しなければ生き残れない時代になったことを理解していますから、今後はこうしたミッションをもった組織が国内でも急速に増えてくるでしょう。ではなぜ、世界有数の経済大国である日本で、B to Bマーケティングだけが世界から大きく遅れてしまったのでしょうか?

それは「必要なかったから」だと私は考えています。日本企業は驚くほどの合理性をもっています。必要だと認識すれば、優秀な社員を海外に派遣する、海外から専門知識をもつ人材を招聘する、世界的に有名な専門プロ集団にアウトソーシングするなどの方法で機能を獲得し、ノウハウの蓄積や人材の育成に投資します。これまでそうしてこなかった理由は、「必要なかったから」なのです。

ＢtoＢの場合、受注プロセスのメカニズムを分解すると、「案件をクロージングする力」と「案件を創る力」に集約することができます。**「案件を創る力」がマーケティング**なのですが、日本企業は戦後70年間、深刻に案件に困ったことがなかったのです。

「マーケティングしなくても成長できる」は通用しない時代に

70年前の第二次世界大戦での敗戦により、大都市や地方都市の多くが焼け野原になり、国家インフラの大半を失った中で、７１００万人の国民が、家も、着るものも、食べるものもないという状況になりました。日本国民は猛烈に働き、食べるもの、着るもの、住む場所を確保していきました。その巨大で猛烈な復興が日本企業の成長を支えてきました。

国内が急速に復興する中で、海外市場に対して「1ドル３６０円」という為替のメリットがありました。まさかコテンパンに叩きのめしたはずの日本がこれほど急速に復興するとは考えていなかった米国が１９７１年まで為替レートを固定してくれたおかげで、特に工業製品を中心に**「日本製品は高品質で安い」**というポジションを獲得し、輸出で稼ぎまくることができたのです。

つまり、「旺盛な内需」と「高い技術力と為替に支えられた外需」、この2つの巨大市場が車の両輪のようにバランスして日本は世界第二位の経済大国に駆け上がりました。１９９０年のバブル崩壊まで断続的に続いたこの環境の中で、日本のＢtoＢ企業は既存の顧客を大切にすれば、そこからのクロスセル、アップセルや紹介案件などで、成長に充分な数の案件を創りだすことができました。だから**「引き合いをクロージングする力」だけを磨けば、それで成長できた**のです。マーケティング部門などなくても困ることはありませんでした。

この状況が一変したのは２００８年のリーマンショックです。多くの企業が既存顧客からの引き合いだけでは売上予算を達成できない状況に陥りました。顧客に呼ばれて、「競合に営業してもいいから、もう我々を頼らないでください。いつ取引を打ち切るかわかりませんよ」と言われて、あわてて営業部門を新設し、販売代理店網を作り始めた企業もあります。

さらにグローバル化の波で、国内でも海外でも、欧米の企業と戦わなくてはならなくなりました。欧米の企業は常に顧客を奪い合い、市場シェアを競う戦いをもう１００年近く続けています、勝ち残るためには「案件を創る力」がどうしても必要で、そのためのマーケティングチームを企業の中枢に据えています。**マーケティングを中心に企業が動いていて、トップ経営者を最も多く輩出する部門はマーケティング部門なのです。**日本企業はこうした企業と戦わなくてはなりません。

マーケティングの専門部隊もノウハウももたずに欧米企業と戦うのは、第二次世界大戦で大型爆撃機に竹やりで立ち向かおうとしたのと同じです。勝ちたければ勝てる条件を整えるしかないのです。私は、ＢtoＢ企業が最優先で整えるべき勝てる条件こそ「デマンドジェネレーション」だと確信しています。そしてデマンドジェネレーションを行うときに必須のツールがマーケティングオートメーションなのです。

デマンドジェネレーションとは

マーケティングオートメーションは、**デマンドジェネレーション**のために生まれたツールだと説明しましたが、ではデマンドジェネレーションとはいったいなんでしょう?「Demand Generation」は**「営業機会の創出」**という意味をもち、1990年代後半から2000年代初頭に米国で使われるようになったBtoBマーケティングの用語です。それまでバラバラに運用されていたBtoBマーケティングのプロセスをひとつに統合し、再構築したものです。

マーケティングの先進国である米国も1990年代には、今の日本と同じようにマーケティング活動が部分最適に陥っていました。コミュニケーションチャネルもマーケティングプロセスも多様化し、組織をまたいで複雑化する一方のマーケティング活動をどう評価すればよいかわからなかったのです。バラバラの組織がそれぞれの予算で運用していては費用対効果の算出も難しくなり、どのマーケティング活動が最も売上に貢献したのかも把握できませんから、予算の適正配分すら不可能です。マーケティング戦略の転換が必要でした。

米国は「組織は戦略に従う」というアルフレッド・チャンドラーが提唱した原則を忠実に守る傾向があります。彼らはこの問題を、組織を再構築するというかたちで解決しました。それまで次の3つに分かれていたマーケティングのプロセスを、デマンドジェネレーションとして統合したのです。

図1-2 デマンドジェネレーション

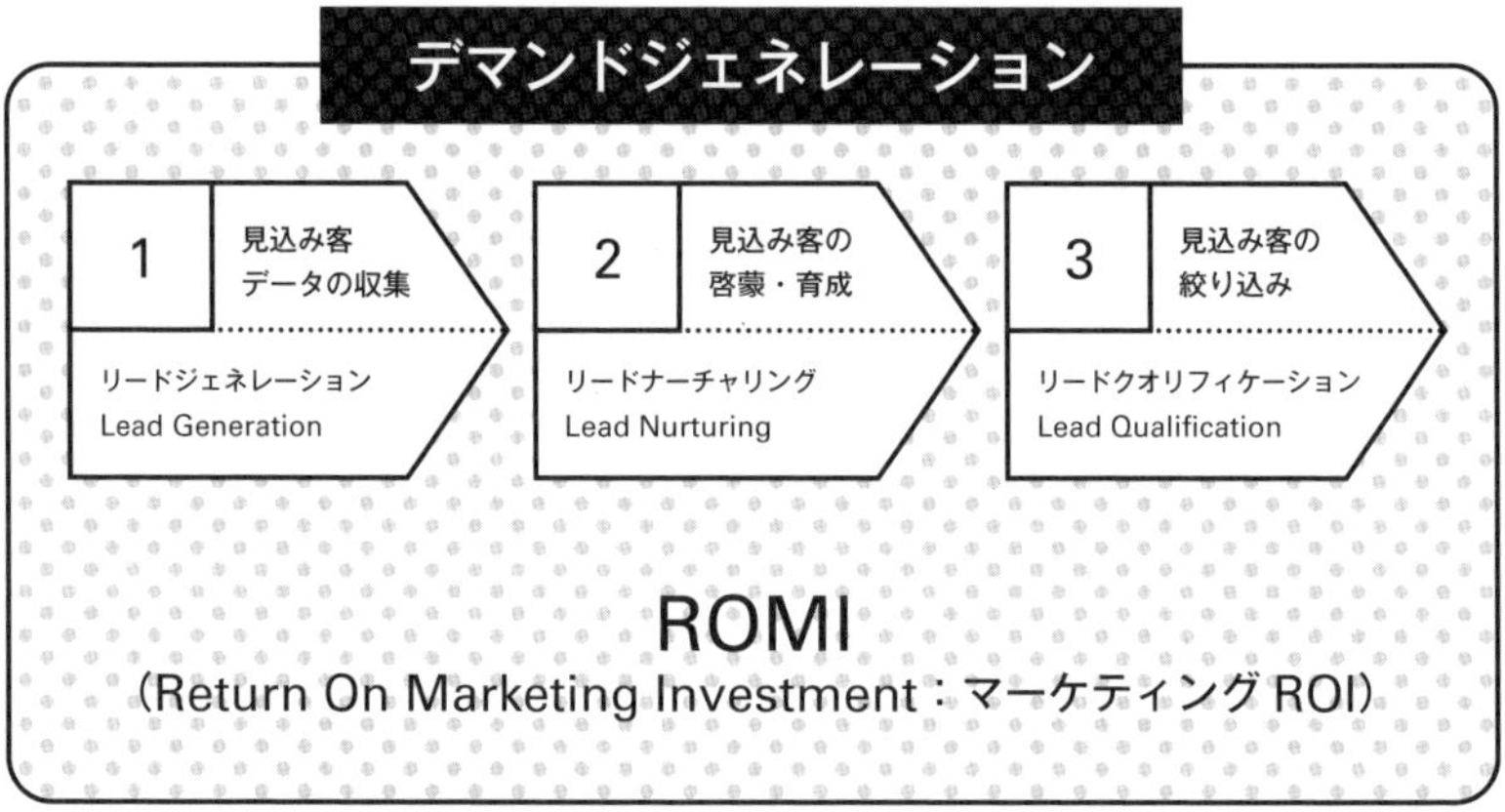

展示会出展や顧客リストの購入（個人情報保護法に則る必要があります）、共催セミナー、ウェブでのユーザー登録、テレマーケティングによるコールドコールなどの**「リードジェネレーション」**、メールマガジンやウェブ、情報誌、セミナー、内見会などの**「リードナーチャリング」**、行動解析データと属性データのクロス分析やニーズ確認のコールなどの**「リードクオリフィケーション」**の3つのプロセスと担当組織、予算を統合し、CMO（チーフマーケティングオフィサー）のもとで一体運用し、その年間のパフォーマンスを**「ROMI（Return On Marketing Investment：マーケティングROI）」**で評価するようにしたのです。これが「デマンドジェネレーション」です。

このデマンドジェネレーションは、見込み

客データの収集活動から、データマネジメント、啓蒙・育成、スコアによる絞り込みを経て営業部門へ訪問リストを渡し、そのフィードバックをもらうまでのマーケティング活動を指すもので、カバーする範囲が広く、長期間にわたって大量のデータを洗練された状態で保持する必要があります。そのため、しっかりしたノウハウをもった組織と、専門のツールが必要になります。その組織がデマンドセンターであり、ツールがマーケティングオートメーションなのです。

マーケティングの可視化がもたらすもの

このデマンドジェネレーションとROMIという評価軸はマーケティング活動のパフォーマンスを明確に可視化してしまうので、予想外の問題も起こしています。この指標が使われ始めてから、米国企業のCMOの平均在職期間がどんどん短くなり、2014年の時点では2年を切ったというデータもあります。これは2年連続で目標値を達成できなかったCMOは解雇され、逆に2年連続で達成すれば他社から高額で引き抜かれる、という米国のビジネスシーンならではの理由によるものです。

マーケティングという今までブラックボックスだった活動が、マーケティングオートメーションという共通プラットフォームの上で可視化されることで、人材の流動化を起こしているのです。数年前に米国で開催されたB to Bマーケティングのカンファレンスに参加したときのことです。主催者のウェルカムスピーチはこんな言葉で始まりました。

「ここには企業内のマーケティング担当者も、マーケティングエージェンシーの人も、マーケティングツールの開発会社の人も参加しています。競合もいればパートナーもいるでしょう。唯一共通していることは、ここにいる全員が毎日ＲＯＭＩのプレッシャーの下であえいでいることです。」

デマンドセンター、それは営業を本質的にサポートする仕組み

私は、営業案件を管理するソリューションである**SFA（Sales Force Automation）**のことを「好きだ」と本心から言う営業に会ったことがありません。その理由は、**SFAは営業を監視はしても支援はしてくれない**からです。

「最近うちの営業が、あちこちのカフェでサボっているという話を聞くので、SFAを導入してスケジュールをしっかり管理しようと考えています」

こうした意図でのSFAの導入には私はいつも反対します。SFAで可視化できるのは訪問予定と結果であって、架空のアポイントや訪問の報告を入力されても見破る機能はありません。スケジュールに「顧客訪問」と入れて、カフェで時間をつぶしている人を減らすことはできないのです。

BtoBでは、受注するために顧客に会わなければなりません。いくらインターネットの普及した世の中でも、数百万円を超える商談をメールや電話だけでまとめることは日本ではできません。経営者としてはカフェでノートパソコンを広げるのではなく、できるだけ多く顧客企業を訪問して担当者と会ってほしいと考えるのも無理はありません。それをわかったうえで、私がなぜ反対するのかを説明したいと思います。

営業が置かれている環境

実は、営業も顧客に会いたいのです。しかし訪問するにはアポイントが必要です。ＢtoＢで発注のキーマンになる人は、情報システム、研究開発、設計、生産技術などを担当する、企業の奥にいる人です。セキュリティの厳しい現代ではアポイントなしではオフィスにも工場にも入ることはできません。そのアポイントがとれないのです。それどころか、アポイントのために顧客に電話をすると、電話の向こうから「いないって言ってください」という本人の声が聞こえてくることも珍しくありません。現代のビジネスパーソンは営業に訪問されることを嫌う傾向がますます強くなっています。これが若いエンジニアならなおさら拒否反応が強いのです。

アポイントがとれなければ訪問できません。しかし、営業が訪問もせずにオフィスにいると冷たい視線が背中に突き刺さります。数字を達成していればまだしも、そうでなければこの視線はかなりきついものです。オフィスの居心地は悪い、でも訪問先もない、そうした人にとって最も居心地がよい空間がカフェなのです。

営業担当者はみんな「売りたい」と思っています。そこを信じなければマーケティングはできません。自分たちが苦労して創出したリード情報を渡す相手が、「販売に対するモチベーションがない」としたら、これほど意味のない仕事はないでしょう。そして営業は「自分たちの売っている製品やサービス・技術で解決できる問題を抱えている顧客」と会うことさえできれば、その問題の解決策として製品を売り込む専門知識をすでにもっています。問題はその専門知識を発揮する機会になかなか出会えないことなのです。その機会を創出する組織が**「デマンドセンター」**なのです。

法人営業は「プロの世界」

私の会社は、1997年に日本最初のデマンドセンター構築と、その運用を請け負うサービスを始めました。そして、日本でも正しく運用されたデマンドジェネレーションが起こすドラスティックな変化を何度も見ています。

ある製造業の会社で、売上予算をまったく達成できない営業チームがありました。このチームはメンバーの大半が技術系出身で、40歳近くになってから会社の組織再編で営業にコンバートされた人たちでした。販売する製品の設計や生産に関わっていたエンジニアですから専門知識はもっていたのですが、その知識を発揮する機会を創ることができずにいました。特にアポイントをとるための電話や、初対面での商談がとても苦手で、苦痛そうに受話器を両手で抱えて電話をしていました。もちろんアポイントがとれなければ訪問はできません。せっかくの専門知識も宝の持ち腐れだったのです。

私たちは、このチームに対してデマンドセンターのサービスを提供し、全社の顧客・見込み客リストの中から、彼らの専門知識を必要としている企業を探し出し、担当者とのアポイントをセットする仕組みを創ったのです。間もなくこのチームは驚くほどの受注を獲得し始めました。**法人営業は、プロとプロとの世界です。**商談を進めるのに必要なのはアポイントをとるトークのテクニックではなく、自社の製品や技術に対する深い知識と経験なのです。それをすでにもっている営業担当者を不得意なアポイントコールで消耗させるほうが、営業の生産性を下げているのです。

「営業の生産性を上げたいなら、良い営業機会を供給する仕組み、**デマンドセンター**を創りましょう」

これが私の提案です。

デマンドセンターが必要な3つの理由

では、マーケティングオートメーションをプラットフォームにしたデマンドセンターが、なぜ日本企業に必要なのか、日本企業が抱えるどんな問題を解決してくれるのかを具体的に見ていきましょう。私は、きちんと設計されたデマンドセンターは、日本企業が抱える次のような課題を解決できると考えています。

課題1「引き合い依存からの脱却」

イゴール・アンゾフ博士が提唱したマトリックスをご存知でしょうか?

図1-3は、いわゆる「アンゾフ・マトリックス」をわかりやすくまとめたもので、横軸に「製品」、縦軸に「市場」を置いて、それぞれ「新規」「既存」を4つの象限で表現したものです。日本企業は既存顧客に既存製品を売ること【1-A】はとても得意ですが、逆に既存市場に新製品を売ること【1-B】も、既存製品を新規市場に展開すること【2-A】もとても苦手です。ちなみに新規市場に新製品を売ること【2-B】を「多角化」と呼びます。既存事業とはシナジーを生みにくいので最も成功の確率が低いと言われています。今、多くの日本企業にとってどうしても克服すべき課題は「製品開発【1-B】」と「市場開拓【2-A】」を強化することなのです。

それができていない原因は、**日本企業の多くが「引き合い依存症」に陥っているからだと私は考えています。**「引き合い」はマーケティング用語では**「SGL（Sales Generated Lead)」**と言います。これは「営業部門がマーケティングに依存しないで自力で創出した案件」という意味です。

日本企業では、新人営業はまず「顧客に顔と名前と得意技を覚えてもらえ」と教育されます。顔を覚えてもらうには数多く会わなくてはなりませんから、顧客に用があろうがなかろうが、可能な限り頻繁に訪問し、自己紹介し、名刺を渡すことで、顔と名前、そして売っている製品やサービス、または自社の得意技を覚えてもらいます。先輩の教え通りに数多く顧客を訪問し、顔と名前、得意技を覚えてもらうと、訪問先で宿題をもらえるよう

図 1-3 アンゾフ・マトリックス

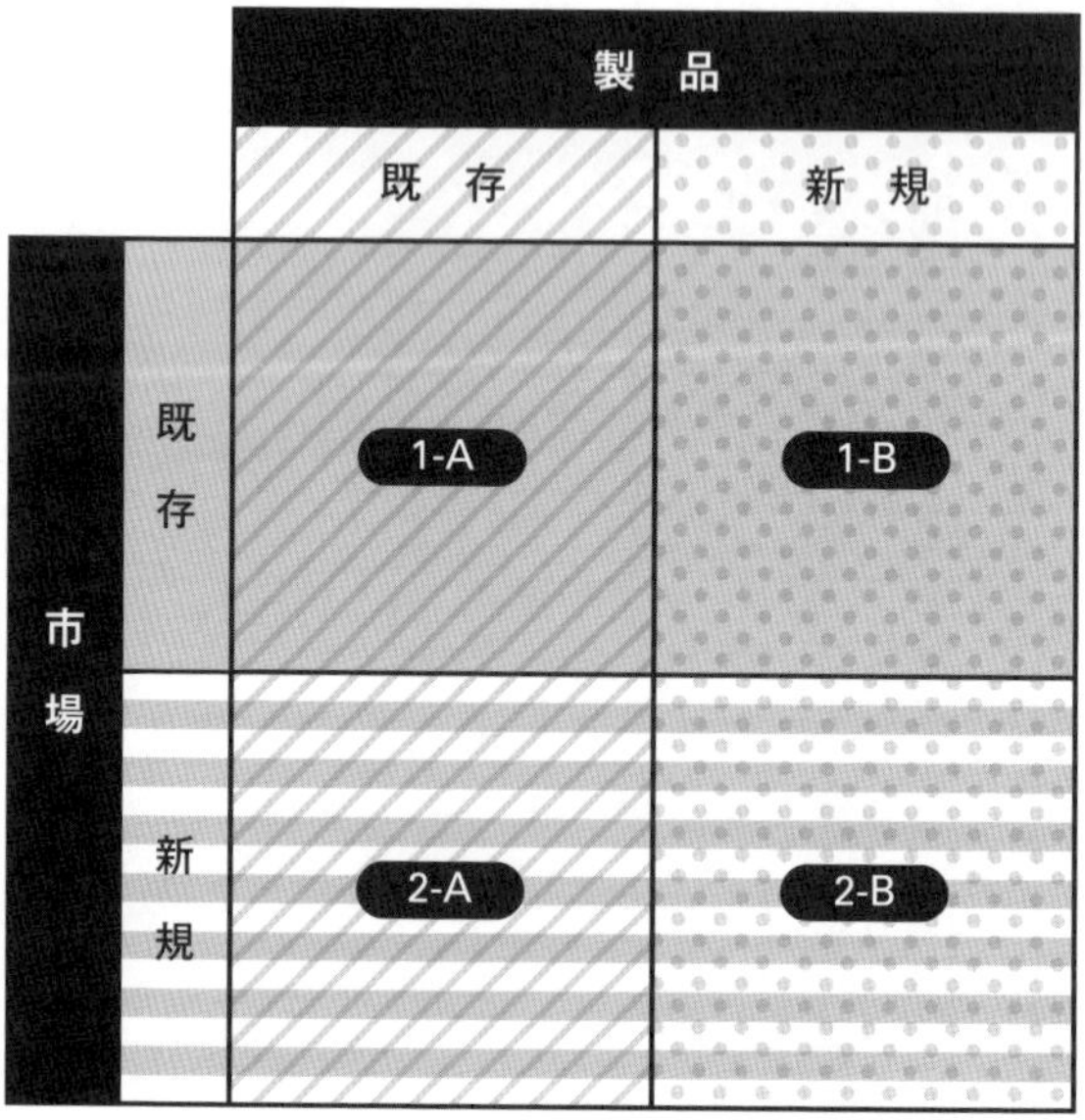

になります。

「これ至急で見積もりしてください」
「この製品の在庫は今どれくらいありますか？」
「これを５０００セット買うので、ここまで単価を下げられますか？」
「ここの表面仕上げを、こんな風に加工できますか？」

これが「引き合い」です。営業はこの引き合いにクイックレスポンスで誠実に対応することで、次も引き合いをもらえるようになり、やがて自分の売上予算を達成できるようになります。これが、日本企業が戦後70年続けてきたスタイルです。当然ながら営業にとって「引き合い」は何より大切なもので、それがまだ競合が知らない案件であればなおさらなのです。

私はこの「引き合い」を否定するつもりはありません。多くの日本企業がこのスタイルで成長したのは事実なのです。ただ問題は、この「引き合い依存型」では、アンゾフ・マトリックスの【1 - A】、つまり**既存市場に既存製品を売ることしかできない**ということです。言うまでもなく、この引き合いはお互いをよく知る関係以外からは発生しにくい特性をもっており、人間関係に深く依存します。

しかし、多くの企業にとって必要なのは、既存の顧客企業のいつもとは違う事業所や部署に行って新製品を販売することや、既存製品を新しい市場に売り込むことなのです。どちらも人間関係はできていませんから、ここからの「引き合い」はほとんど期待できません。

日本企業の中期経営計画を見ると、必ずと言ってよいほど「新市場の開拓」とか、「２０２０年までに海外売上比率を40％まで引き上げる」「３年以内に製薬業界からの売上比率を25％まで引き上げる」などと書いてあります。しかし、具体的な戦術、つまり「Ｈｏｗ」をもたないケースが多く、とても実現できそうには見えません。どんなに戦略的に正しい経営計画でも、具体的な戦術がなければ「絵に描いた餅」なのです。

ここから脱却する唯一の方法、つまり「Ｈｏｗ」が「デマンドジェネレーション」であり、それを担当する組織が「デマンドセンター」なのです。

課題２「売れない原因を正しく叩く」

マーケティングを設計するときに大切なことは**「売れない原因を突き止め、正しく叩く」**ことです。病気にたとえるなら、胸が痛む原因が肺の腫瘍だとしたら心臓の薬をいくら与えても病巣を叩くことはできません。それどころか薬の副作用で健康な臓器まで病気にしてしまいます。

私の会社では、もう20年前から以下の方程式を使って企業の受注の問題点を診断しています。目的変数が「売上」、説明変数が「案件数」「決定率」「案件単価」で、説明変数どうしの関係は「積」、つまり掛け算ですから、ひとつの説明変数の値を上げるだけで十分にレバレッジ（てこの原理）が効いて、売上を上げることができるのです。

この方程式を使うときのポイントは、**「ほかの変数を下げずに、上げられる変数を探すこと」**です。たとえば「案件単価」を上げる、つまり値上げをすれば、決定率が激しく低下し、悪くするとゼロになるはずです。掛け算ですから変数にゼロがあれば答えはゼロにしかなりません。この理由で、案件単価を上げることは極力避けるようにしています。となると、残りの2つの変数、つまり「案件数」か「決定率」のいずれかを上げることで売上を上げなければなりません。

過去10年、多くの日本企業は**「決定率」を上げることで売上を上げよう**と努力してきました。その施策の代表的なものが、営業コンサルタントを採用してのアセスメント、営業コーチングの導入、そしてSFAと呼ばれる案件と担当営業をひもづけて管理するツールの導入です。

もし売れない原因が「決定率」にあるなら、こうした施策は功を奏したはずです。しかし現実はほとんど成果を上げていません。その理由は売れない原因、つまり病巣が「決定率」にはないからだと私は考えています。決定率に問題がなければ、そこを叩く薬をいくら投与しても効果があるは

図 1-4　売上の方程式

ずはないのです。

このことは、自社の営業や販売代理店の営業を注意深く観察すればわかります。もし原因が「決定率」であるならば、その前提として大半の営業が良い案件を潤沢にもっていなければなりません。良い案件を十分にもっているにもかかわらず受注できない、競合に負けて失注が続いているならば、確かにこの会社は「決定率」に問題があると考えられます。しかし、営業が良い案件をもっていないのであれば、決定率に投薬することはまったく意味がありません。

この観察のポイントは、**「案件数」と「訪問件数」は別**ということです。法人営業の場合、営業の多くは担当する企業やエリアがあります。自分が担当している企業のいつも会っている人ならアポイントは比較的とりやすいのです。また研究開発や設計などより、購買、資材などの部門は訪問しやすいものです。案件をもっていない営業でもスケジュールは埋まっていますし、一見忙しそうにしています。ですから、スケジューラーや訪問件数ではなく、**売上につながる「良い案件」をもっているか**を定量的にチェックしなくてはダメなのです。

私が「案件数」にこだわるもうひとつの理由は、この変数がほかの2つにくらべて外部要因の影響をあまり受けないからです。「決定率」や「案件単価」が、世の中の景気や外国為替、代理店の営業リソース、競合のディスカウントキャンペーンなどの外部要因の影響を受けやすいのに対して、「案件数」だけはデマンドジェネレーションを正しく設計／実施することによって、外部要因に関係なく上げることができるのです。

ですから私は、「決定率」と「案件単価」ではなく、**「案件数」を上げることで売上を引き上げる**ようなマーケティングを設計しています。そしてマーケティングオートメーションをプラットフォームにしたデマンドセンターは、その案件を創出する仕組みなのです。

課題3「途切れたタスキをつなぐ」

私はよく日本のBtoBマーケティングを「箱根駅伝」にたとえて説明します。それは、各区間でどんなに優秀なランナーをそろえ、それぞれがどんなにがんばっても、途中でタスキが途切れてしまっては何の意味もないからです。区間ごとの走者の役割は、以下の図のように表現できるでしょう。

日本企業は展示会や、営業の名刺交換などで1区はうまくやっています。問題は、1区で収集したリードデータを整理整頓し、営業対象外を排除し、育成して絞り込む、という2区がまったく機能していないことです。

図1-5 マーケティングライン

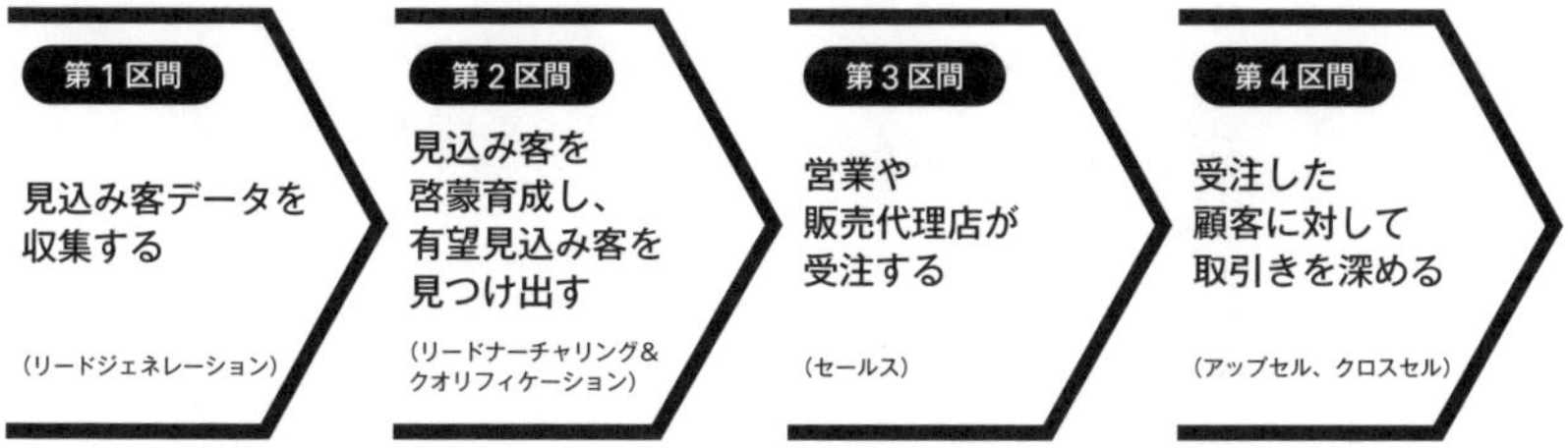
第1区間
見込み客データを収集する
（リードジェネレーション）
第2区間
見込み客を啓蒙育成し、有望見込み客を見つけ出す
（リードナーチャリング＆クオリフィケーション）
第3区間
営業や販売代理店が受注する
（セールス）
第4区間
受注した顧客に対して取引きを深める
（アップセル、クロスセル）

箱根駅伝では2区は最も華々しいエース区間ですが、日本のＢtoＢマーケティングでは、この2区はとっても地味で、誰もその存在や必要性を理解してくれない寂しい区間でした。それでいて難所が多く、走り抜けて次にタスキをつなぐのは実に難しい区間なのです。1区の展示会やリスティング広告でどんなに良いリードデータを集めても、3区にいかに強力な営業チームとＳＦＡをそろえて準備を整えても、この2区でタスキが途切れてしまえばどうにもなりません。

「リードジェネレーション」という役割を背負った第一走者が息を切らして20キロを走ってきたときに、中継地点に第二走者はおらず、はるか20キロ先の次の第三中継所で「営業」という名の第三走者が、「なぜタスキがちゃんと運ばれてこないのか！」と怒っている、という悲しい構図が日本中にあふれているのです。

私は、2区であるリードナーチャリングとリードクオリフィケーションは**「この世で最も素敵な仕事」**だと考えています。クリエイティブ（感性）とサイエンス（科学）とテクノロジー（技術）がここまで融合した仕事は多くないはずです。そして、欧米でそうであるように、これからの日本企業では、この2区、リードナーチャリングとリードクオリフィケーションは間違いなくエース区間になるでしょう。

私が「今の日本にはデマンドセンターがどうしても必要だ」と言い続けている理由は、これら3つの経営課題**【引き合い依存からの脱却】**、**【売れない原因を正しく叩く】**、**【途切れたタスキをつなぐ】**を解決する唯一の道だからなのです。

第三世代のSFAの補完機能として誕生したマーケティングオートメーション

マーケティングオートメーションの歴史やなりたちを見てみましょう。2000年のEloquaの製品リリースから始まるマーケティングオートメーションは、**SFA (Sales Force Automation)** の前工程を担当するために生まれました。

営業案件を管理するプロセスマネジメントツールであるSFAの歴史は1980年代に始まります。**ONYX**（オニキス）、**Clarify**（クラリファイ）などを第一世代、オラクルをスピンアウトしたトーマス・シーベルが設立・開発したハイエンドの**Siebel**（シーベル）、インサイドセールス用にコール機能を強化した**Vantive**（ヴァンティブ）、Windowsプラットフォームと相性が良かったカナダの**Pivotal**（ピボタル）などを第二世代とすると、今日、最大のシェアを誇るセールスフォース・ドットコムの**Sales Cloud**、**SugerCRM**、マイクロソフトの**Dynamics CRM**などは第三世代と言える製品群です。

初期の頃はUnixで動く重厚なものが多く、導入時のコンサルティングやカスタマイズに大きなコストがかかりましたが、第三世代はクラウドが中心となったため、驚くほど導入コストが安くなり、ほかのシステムとの連携が楽になりました。しかし、SFAの本質は営業案件や担当営業の管理ですから、営業案件を創出する機能は相変わらずほとんどもっていませんでした。営業案件を創り出すデマンドジェネレーションのためのツールは2000年に最初のマーケティングオートメーションが誕生するまでは存在しなかったのです。

そのため、米国企業のマーケティング担当者は、必要な機能を備えたパーツを集めて自前で構築するしかありませんでした。どんな要素があるかあげてみましょう。

- 顧客データを管理するデータベース
- サイロ状のデータを統合するデータマートシステム
- メール配信システム
- 動画用ストリーミングシステム
- 配信停止や資料請求、セミナー受付などのＣＧＩ
- コンテンツマネジメントシステム（ＣＭＳ）
- ログ解析システム
- データ分析システム（ＢＩ）
- コールセンター用のＣＴＩ（Computer Telephony Integration）

当時のマーケティング担当者は、これらを自分で選定し、組み合わせて自前のマーケティングプラットフォームを作っていたのです。気が遠くなるような作業です。

マーケティングオートメーションの登場

エロクアの創業メンバーでオラクルに買収されるまでCTOを務めていたスティーブン・ウッズ（Steven Woods）は、その頃カナダのトロントでウェブマーケティング用にチャットシステムを開発していましたが、この状況を見て**統合型のマーケティングプラットフォームの開発**を思い立ちました。SFAの前工程であるマーケティングを担当し、有望な見込み客リストを営業や販売代理店に供給することを目的に、メール配信、ウェブ、チャット、紙のDMなどもハンドリングできるマルチコンタクトポイントのシステムを設計したのです。

自前でパーツをそろえて仕組みを作ってもマーケティングはできますが、システム間のデータ連携などで膨大な作業が発生します。この作業に辟易していたマーケティング担当者は、2000年にリリースされたEloquaをデマンドセンターのインフラに採用しました。

この成功を見た、メール配信、キャンペーンマネジメント、CMSなどのシステムベンダーが一斉に自社システムをマーケティングオートメーションに進化させてこの市場に参入したことで、わずか10年で「マーケティングオートメーション」という新しいカテゴリーが市場に誕生したのです。毎年サンフランシスコで開催されるセールスフォース・ドットコム主催のイベント「Dreamforce」は、まるでマーケティングオートメーションの展示会のように多くのブランドが出展し、どのソリューションもセールスフォース製品とのＡＰＩ連携を売りにしながら個性を競っていました。

ＳＦＡの「補完機能」としてのマーケティングオートメーション

では、マーケティングオートメーションはどのようにＳＦＡの「補完機能」として働くのでしょうか。ＭＡとＳＦＡでは、保有するデータの特性や構造、データマネジメントやコミュニケーション、その解析などに求められる機能が根本から違います。ＳＦＡが管理する営業案件は企業単位で発生します。法人営業の場合、購入するのは個人ではなく法人ですから、営業案件は企業にひもづくのです。

もちろん案件化してから受注・失注が確定するまでの間ですから、管理する案件数も数千件、数万件にはなりません。多くの場合、パイプラインの中を動いていく案件はせいぜい１００件、２００件という単位です。この案件が日々動きます。ヒアリングの後は提案、それが通れば見積もり、価格交渉で再見積もり、さらに再見積もり、要件が少し変わって再見積もり、そしてウェイティングで受注という激しく変化するプロセスを管理します。つまりＳＦＡは**「案件の受注決定率を向上させること」「案件の可視化によって売上予測をより正確化すること」**の２つを主目的に進化を重ねてきたのです。

その理由から、まず**「名寄せ」**が得意ではありません。そもそもＳＦＡは、名寄せが必要なほど大量のデータを入れる思想では設計されていないのです。案件であれば、１社に複数の商材やサービスの案件が同時に発生することは珍しくありません。そして同じ人間が選定のキーパーソンとして入っていることも普通にあることです。つまり同じ人間であっても別の案件のキーパーソンとして登録されますから**名寄せしてはいけないのです。**

メール関連があまり高機能ではないことも理由があります。ＳＦＡは「案件を管理するツール」ですから、この段階で**特定多数**に大量のメールを配信することを想定していないのです。案件化した後ならばメールは一斉送信ではなく個人から個人へと送られるはずで、通常のメールシステムを使ったＣＣなどの機能で十分間に合うはずなのです。もちろん案件化していますから、今さら「この人は何に興味があるのか」というスコアをする必要はありません。メール起点でのウェブ上での行動解析などは実装していないのです。

一方、営業案件を創出するマーケティングオートメーションでは、管理するリード（見込み客）データは膨大な数になります。**特定ですが多数なのです。**展示会や営業名刺、ウェブからの資料請求など、社内の見込み客データを全部集めれば数万件から十数万件になることは普通です。それだけの大量データを統合すれば、企業や個人の重複も多く、競合や仕入先、自社の関連会社など営業対象外の企業に所属する人も多数混在しています。ですからマーケティングを始める前に、名寄せや競合排除などのデータマネジメントをていねいに行わなければ、成果を上げる前にクレームや事故を起こしてしまいます。

また、特定多数のリードとのコミュニケーションは、メールを起点にすることが多いのですが、そのメールに関する機能もマーケティングオートメーションは圧倒的に優れています。メールの制作やテンプレートの保存、プレーンテキストとＨＴＭＬなどの配信フォーマットの選択、配信の量的制限やスピード、配信後のユニークユーザー（一意の個人）単位での行動解析と結果レポート、配信停止依頼や不達のメンテナンスなどの機能はＳＦＡにはないか、あったとしてもマーケティングに使えるレベルではないのです。

さらにマーケティングオートメーションの進化の方向は外部システム、特にＳＮＳやアドシステムとの連携に向かっています。米国ではビジネスパーソンのＳＮＳとして圧倒的なシェアを誇るLinkedIn（リンクトイン）が「Lead Accelerator」というマーケティングオートメーションとの連携サービスをリリースしましたが、これなどはその代表的なものです。

マーケティングオートメーションはこうした機能を駆使して、企業内の複数の部署の複数の人、つまり1社で数十人から多い場合は数百人の個人を登録し、どの部署の誰が、今どういう情報を集めているのか、どのコンテンツを重点的に見ているのか、という行動をマルチコンタクトポイントで解析することで**企業内のニーズが発芽したタイミングを推理する**仕組みになっています。

つまり、ＭＡとＳＦＡでは期待される役割がまったく違うのです。本来は最初から組み合わせて導入すべきＭＡとＳＦＡですが、日本では第2章で説明するいくつかの理由からＳＦＡが先に普及しましたので、そのＳＦＡを活かすためにＭＡを導入し、案件を供給するデマンドセンターを構築するべきだと私は考えています。

マーケティングオートメーションの「ルーツと個性」

２０００年に製品発表したEloquaの成功に刺激されて、多くの企業がマーケティングオートメーションをリリースしました。その中には、もともと違うカテゴリーにいた製品に機能を追加することでマーケティングオートメーションに進化させたものもあれば、最初からマーケティングオートメーションとして設計されたものもあります。人間と同様にシステムもルーツをたどることで個性やその理由を理解することができます。代表的なグループと製品を見てみましょう。

メール配信システムからの進化形

ほかのカテゴリーからマーケティングオートメーションに進化したものの中で最も多いのは、メール配信システム（サービス）から進化したグループです。このグループの特徴は、やはりメール配信機能が非常に充実していることです。大量メールの高速配信はもちろん、メールの原稿作成やテンプレート、校正、プレーンテキストとＨＴＭＬの２種類のフォーマットで配信できるマルチパート配信、スパムと識別されないためのヘルスチェック、最も読まれやすい時間帯に個別配信するタイムマネジメントなど、特定多数のリードに対して安全で効果的なメールを配信するためのさまざまな機能を実装しています。

代表的な製品としては、2011年にデータウェアハウスの大手ベンダーであるテラデータが買収したAprimo（アプリモ）、2013年にセールスフォース・ドットコムが買収したExactTarget（エグザクトターゲット）、オラクルが買収したResponsys（レスポンシス）、2014年にIBMが買収したSilverpopなどがあります。

実は、このカテゴリーにはマーケティングオートメーションの特徴的な機能をもたない製品もあります。BtoC企業を対象としたメール配信システムとして多くの顧客をもち、インターフェースデザインの変更や機能の複雑化につながるシステム改修が難しかったことが原因で、スコアや、クッキーベースでのアクセス解析が得意ではないのです。

ExactTargetはもともと米国でシェアの高いメール配信サービスでしたが、マーケティングオートメーションの進化では遅れをとっていました。これを挽回する目的でPardot（パードット）というマーケティングオートメーションを買収し、その直後に今度は自身がセールスフォース・ドットコムに買収されてしまいました。セールスフォース・ドットコムはこの2つの製品の統合プロジェクトを凍結し、2015年の時点ではBtoB向けのマーケティングオートメーションとしてPardotを、BtoC向けサービスとしてExactTargetを提供する方針を発表しています。オラクルもBtoC向けメール配信サービス大手のResponsysを買収しましたが、マーケティングオートメーションのEloquaとは統合しないとアナウンスしています。

キャンペーンマネジメントシステムからの進化形

マーケティングオートメーションの特徴のひとつである「シナリオ設計」に大きな影響を与えたのは、キャンペーンマネジメントシステムから進化したグループです。キャンペーンマネジメントシステムとは、**マーケティング担当者が、キャンペーンの設計、実施、効果分析を行う**ためのもので、多くのマーケティングオートメーションに実装されているシナリオ設計機能やそのインターフェースデザインは、キャンペーンマネジメントシステムの影響を強く受けています。また、キャンペーンで再利用する目的でコンテンツデータベースとの連携が強いという特徴もあります。

代表的なものとしてはＩＢＭが２０１０年に買収した**Unica**（ユニカ）や、同年にPitney Bowes（ピツニーボウズ）が買収した**Portrait**（ポートレイト）、そして２０１３年にアドビが買収したフランスの**Neolane**（ネオレーン）、**eTrigue**（イートリーグ）などがあります。

中でもUnicaは米国のダイレクトマーケティングの中心地と言われた、東海岸のルート１２８エリア（マサチューセッツ州）で進化した歴史あるソリューションで、高いスキルをもつマーケティング担当者が１人で月に数本の大規模キャンペーンを実行するような場合、「これがなければ仕事にならない」と言われたほど頼りになるツールでした。日本市場にも早くから製品をリリースしましたが、これを使いこなすほどハイレベルなマーケティングチームと洗練された顧客データベースをもっている企業がほとんどなかったことが原因で普及が進みませんでした。

コンテンツマネジメントシステムからの進化形

ＣＭＳ（コンテンツマネジメントシステム）から進化したグループもあります。ＣＭＳとはウェブサイトのコンテンツの要素であるテキストやイメージ画像、動画、それらのレイアウトやリンクの情報などを統合的に管理するためのシステムです。ＣＭＳから進化したマーケティングオートメーションの特徴はマルチデバイス対応や多言語コンテンツマネジメントが得意なところです。

さらにクッキーを利用したパーソナライゼーション（個々のユーザーへの最適化）機能によるカスタマイズページの生成や、ログを使ったアクセス解析機能も実装しています。タグマネジメント機能も強いため、オンライン広告やＳＮＳとの連携プロモーションが得意な製品が多いこともこのグループの特徴でしょう。

日本でもリリースされているSitecore（サイトコア）がその代表で、北欧のデンマークで開発され、マイクロソフト製品と非常に相性が良い製品です。２００１年に製品リリースされた頃から明確にマーケティングソリューションとしての方向性をもっており、すでにＣＭＳというカテゴリーには納まらない機能を実装していました。２０１０年にアドビが買収したDay Software（デイソフトウェア）もＣＭＳからの進化形ですし、ブログ系のＣＭＳでは最も普及しているシックスアパートのMovable Type（ムーバブルタイプ）もＳＦＡ連携を強化してマーケティングオートメーションへの進化を目指しているように見えます。

最初からマーケティングオートメーションとして設計されたもの

そして、最初からマーケティングオートメーションとして設計・開発されたグループもあります。マーケティングオートメーションの特徴である「データマネジメント」「シナリオ設計」「スコア」などの機能を実装し、プロファイル（属性）とビヘイビア（行動）で有望な見込み客（ＭＱＬ）を絞り込むことを目的に開発されています。また、ＡＰＩを使った高度な連携によってＳＦＡにＭＱＬを供給することができます。

Eloquaは、買収したオラクルによってOracle Marketing Cloudの中の「Oracle Cross-Channel Marketing Platform」という名称になり、２０１４年から日本オラクルによって国内でのサービス提供を開始しました。Marketoも２０１４年に日本法人を設立しサービスを開始しています。HubSpotは２０１５年現在、まだ日本法人はありませんが、日本国内に複数の販売代理店があり、サービスを提供しています。Pardot

表 1-1　主な MA ベンダーの設立年

1999 年	Eloqua 設立
2006 年	Marketo、HubSpot 設立
2007 年	Pardot 設立
2008 年	Act-On（※1）設立
2011 年	SALESmanago（※2）設立

※1　2008 年に米国オレゴン州で創業した中堅企業向けの MA で、約 700 社のユーザーをもっています。

※2　ポーランドの古都クラクフを本拠にして欧州で急成長している企業です。

は2015年現在、日本語ローカライズは行っていませんが、日本でもSFA最大シェアをもつセールスフォース・ドットコムが、どこまで機能強化したものをリリースするか楽しみです。

代表的なマーケティングオートメーション製品

ここでは代表的な製品について、歴史や成長の過程も含めてもう少しくわしく見ていきましょう。

Eloqua（エロクア）

カナダのトロントでチャットシステムを開発していたスティーブン・ウッズ、マーク・オーガン（Mark Organ）を中心とするメンバーが１９９９年に新たに**Eloqua**というベンチャーを創業しました。彼らはマルチコンタクトポイントのマーケティングプラットフォームとして、社名と同じ名前の製品を２０００年に発表します。

このEloquaは、すでに普及していたＳＦＡの前工程を補完するものとして注目され、特にセールスフォース・ドットコムの連携ソリューションとして成功事例が多く発表されたことで、マーケティング&セールスのプラットフォームとして一躍脚光を浴びました。米国の調査会社が発表する年平均成長率（CAGR：Compound Annual Growth Rate）で非常に高い成長曲線で普及すると予測されたEloquaは、「マーケティングオートメーション」と名付けられた新しいカテゴリーのトップランナーと見なされました。

そのおかげで、２０００年代初頭には大手ベンチャーキャピタルから約20億円の資金を獲得することに成功したのですが、これが経営陣への大きなプレッシャーになってしまいました。新しいカテゴリーや革新的な製品は、実際にユーザーが契約して、代金を回収し、収益が出るまでに時間がかかるものです。マーケティングオートメーションも話題だけが先行した時間が長く、しかも競合製品が雨後の筍のように出てきてしまいました。

こうした状況の中で2007年から2010年にかけて投資家による大なたが振るわれ、CTOのスティーブン・ウッズや2000年からジョインしたポール・テシマ（Paul Teshima）を除く経営陣が一掃され、新たにMicroStrategyやVeriSignで経営幹部を経験したジョー・ペイン（Joe Payne）をCEOに、大手調査会社フォレスターリサーチでCMOを務めていたブライアン・カルドン（Brian Kardon）をCMOに迎えて再出発したのです。

同時に彼らは後発の競合と差別化するために、Eloquaのターゲット市場としてエンタープライズ企業にフォーカスしました。この戦略と新たに調達した資金によって「最初のMA」だけでなく、「最も高機能なハイエンドMA」のポジションも獲得したのです。米国に本社を置きグローバルに展開しているIT企業にユーザーが多いのはこれが理由です。

このポジションは、EloquaがIPOを果たした後にオラクルに買収された2015年現在でも維持されています。また、当時CTOのスティーブン・ウッズが2010年に上梓した著書『Digital Body Language』の中で提唱した同名の概念は、それ以降のマーケティング業界で流行語にもなっています。

Marketo（マルケト）

その一方で、2005年頃から、米国の中堅企業を中心に、「あそこ（Eloqua）までの高機能はいらない」「もっと簡単に使いたい」「全社ではなく事業部単位で導入したい」「米国内だけで使いたい」「もっと安いMAはないのか」というニーズをもつ潜在市場が大きくなってきました。米国といえどもマーケティングチーム内にITリテラシーの高い人材がいない企業もありますから、難しい操作を嫌う人も多かったのです。

この市場に目をつけたのが、当時CRMでは大手のEpiphany（エピファニー）にいたフィル・フェルナンデス（Phil Fernandez）でした。彼は2006年に同僚たちとサンフランシスコ郊外のサンマテオに新しい会社**Marketo**を設立し、この魅力的な市場に最適化した社名と同じ名前の製品をリリースしました。とにかく操作性を重視し、機能をシンプルに絞って、直感的にすぐに使いこなせるマーケティングオートメーションというポジションを獲得。猛烈な勢いでユーザーが増えていきました。米国の友人から「簡単で安いEloquaみたいなソリューションが出てきたよ」とMarketoの存在を教えてもらったのを覚えています。

Marketoは当初、より多くの企業が存在する**SMB（Small and Medium Business）**という中堅以下の市場をターゲットにしたこともあって、導入企業数ではEloquaを越えるまでに成長し、米国の証券市場にＩＰＯを果たしています。Marketo の創業者でＣＥＯのフィル・フェルナンデスも２０１２年に『Revenue Disruption』という著書を発表し、マーケティングオートメーションの登場によってマーケティング戦略のゲームチェンジが加速していることを指摘しています。

Silverpop（シルバーポップ）

中堅以上の企業向け市場には、もうひとつ特徴的な製品があります。２０１４年にＩＢＭに買収され、日本でも製品リリースされた Silverpop です。これはメール配信サービスをルーツにもつグループに属するのですが、まったく異質の進化を遂げています。

その原動力となっているのはＩＢＭによる買収後もＣＥＯとして指揮をとっているビル・ナッシー（Bill Nussey）の存在でしょう。実は彼は創業者ではありません。創業の２年後に資本参加して実質的なオーナーとしてＣＥＯに就任しています。彼はまだ学生だった頃に Da Vinci Systems というメールシステムの会社を創業して成功し、これを売却することで資金を手にします。それ以降、コンサルタントや投資家として常にメールマーケティングの関連分野で活躍し、iXL というコンサルティングファームではＣＥＯでありながら自らコンサルタントとしても注目を集め、米国の Consulting Magazine 誌が選ぶ「Most Influential Consultant in the World」のひとりに選出されています。

そのビル・ナッシーが理想のメールマーケティングソリューションを創るための土台として買収したの

がSilverpopです。彼はＣＥＯに就任すると、矢継ぎ早にリードマネジメントやスコアリングなどの関連ソリューションを提供するVtrenz、PlacePunch、CoreMotivesなどを買収し、その機能をSilverpopに移植して進化させていきました。メール配信から進化したグループの大半が、スコアやウェブトラッキングデータの統合など、ＢtoＢでは必須の機能が弱いのとはまったく異なる進化を遂げているのです。

彼が２００４年に上梓した『The Quiet Revolution In Email Marketing』を読むと、彼がいかにメールを起点としたマーケティングに情熱をもって取り組んできたかがわかるでしょう。

アドビの統合型ソリューション

さらに、**Adobe Systems**の存在があります。数多くの製品買収によってクリエイティブソリューション市場を完全に制覇したアドビは、２００９年の**Omniture**（オムニチュア）の買収以降、クリエイティブ市場からマーケティング市場にフォーカスの舵を切りました。その後買収した**Day Software**、**Auditude**（オーディチュード）などの製品に、オンプレミス型マーケティングオートメーションとしても高い評価を得ていたフランスの**Neolane**を買収し、これらを統合した新しいマーケティングソリューションを展開しています。クリエイティブや高機能なアクセス解析で圧倒的な存在であるアドビが、この市場にどんな風を起こすのかとても楽しみです。

HubSpot（ハブスポット）

Eloquaが経営陣を刷新し、エンタープライズ市場にフォーカスした頃の米国で、もうひとつの魅力的な市場が立ち上がっていました。**SOHO（Small Office / Home Office）**と呼ばれる個人事業主や小さな会社です。このサイズの企業はマーケティング担当者をチームでもつことはできません。1～2人の担当者で、SEM（Search Engine Marketing）、ウェブ制作、オンライン広告、ブログ、イベント運営、顧客データ管理、セミナー集客、メールマガジンの配信からログ解析、ECサイトへのナビゲーション、チャットやウェビナーの運営までをやらなければなりません。そうしたニーズを満たす製品は当時まだ存在していませんでした。またこの規模に多いスタートアップステージの企業は、そもそもメールを起点にナーチャリングするリストを保有していないか、リードデータを収集する時間もリソースもなかったのです。

この市場に目をつけたのが、日本でも話題になった『グレイトフル・デッドにマーケティングを学ぶ（Marketing Lessons from the Greatful Dead）』の共著者のひとり、ブライアン・ハリガン（Brian Halligan）でした。彼が創業したHubSpot（ハブスポット）社が、それまでの保有データに対するナーチャリングという概念ではなく、オンラインでのインバウンドをベースにマーケティングするためのツールとして開発し、2006年にリリースしたのが**HubSpot**です。2009年にCEOのブライアン・ハリガンと共同創業者でCTOのダァメッシュ・シャア（Dharmesh Shah）が世に送り出した書籍『インバウンド・マーケティング（Inbound Marketing）』の中で提唱した「インバウンドマーケティング」は、マーケティングの枠を越えてビジネス界の流行語になっています。

同社の企業哲学そのものがピュアオンラインであり、インバウンドでできています。インターネットが本来目指した世界観である、自由でフラットでオープンという企業文化をもち、それが製品開発からサポート、ユーザーの教育・研修用のコンテンツに至るまで一貫しています。

この巨大なSMB／SOHO市場には、HubSpotの大成功に刺激されて、Marketoが**Spark**（スパーク）という製品を投入。FirstReef（ファーストリーフ）は、この分野にフォーカスするためにいくつかの企業を買収し、**salesfusion**（セールスフュージョン）として再構築してリリースするなど（その後、社名もsalesfusionに変更）、多くの企業が次々と製品をリリースしてしのぎを削っています。

このように、ひとくちに「マーケティングオートメーション」と言っても、ターゲット市場や進化のルーツごとにいくつかのグループに分かれ、その中で数多くの製品があります。そして、毎年のように新しい製品やサービスがリリースされ、M&Aも活発に行われています。製品を選定するときは、こうしたツールの歴史や、ベースとなっている技術を学ぶことも重要なことなのです。

第2章

デマンドジェネレーションの4つのプロセス

- リードジェネレーション（Lead Generation）
- データマネジメント（Data Management）
- リードナーチャリング（Lead Nurturing）
- リードクオリフィケーション（Lead Qualification）

デマンドジェネレーションの4つのプロセス

ここでは、マーケティングオートメーションをプラットフォームとして営業案件を創出する、デマンドジェネレーションの4つのプロセスと、マーケティングオートメーションの関係をくわしく見ていきましょう。

①リードジェネレーション（Lead Generation）
②データマネジメント（Data Management）
③リードナーチャリング（Lead Nurturing）
④リードクオリフィケーション（Lead Qualification）

①「リードジェネレーション」～データを収集する3つのチャネル～

デマンドジェネレーションの最初のプロセスが、リードデータの収集、つまり**「リードジェネレーション」**です。**リード**とは**「見込み客」**という意味のマーケティング用語です。

日本でのリードジェネレーションは主に3つのチャネルからの収集になります。

- イベント（展示会・セミナー）
- 営業やエンジニアの名刺交換
- ウェブからの登録

SFAやCRM、販売管理システムなどに入っているデータも活用しますが、これらのデータも、もとは交換した名刺の場合が多いので「営業やエンジニアの名刺交換」に含めることとします。米国では個人情報を合法的に購入することができますから、「個人情報の購入」という第四のチャネルがありますが、日本では、まだ米国のようなデータビジネスを選択肢に含めることはできません。

では、それぞれ特徴を見ていきましょう。

【チャネル1】イベント（展示会・セミナー）

「展示会で名刺やアンケートを収集しても売上には貢献しない」
「集まる名刺は競合や、競合の販売代理店のものばかりで有効なものは少ない」
「お金ばかりかかって成果が出ない」

展示会に関しての評価は、多くの企業でとても低いようです。しかしこれはマーケティングという全体設計の中で「目的を明確にして企画・運用していない」「収集した名刺やアンケートがその後どうなっているのかをトレースできていない」ということが原因の場合が多いのです。

データをきちんと管理して、案件や受注までしっかりトレースすれば、日本のB to Bの展示会は驚くほど効率よくターゲットデータを収集できることがわかります。特に意思決定プロセスがトップダウンで、製品によってはCクラス（役員クラス）しか商談対象にならない欧米企業と違って、日本は課長や課長補佐が稟議を起案する事実上の意思決定者です。このクラスのデータを収集する手段として最も効率が良いのは展示会なのです。

「データは鮮度が命」は本当か？

驚くかもしれませんが、ＢtoＢマーケティングでは**展示会データは古いもののほうが案件化率は高い**のです。多くの人が「データは鮮度が命」と信じています。ですから展示会の翌週からフォローしようとしますし、一刻も早くデジタル化してお礼メールを配信しようとします。しかし、実際にデータを分析してみれば、フォローの早さと案件化率にはほとんど相関がないことがわかります。東京ビッグサイトなどで開催される大型展示会に来場する人は、平均４時間ほどの滞在時間で25〜35社のブースをまわると言われています。たとえて言えばバイキングレストランでお腹いっぱい食べた人ですから、そこにどんなに美味しいもの（情報）を持って行ったところで食べてはもらえないものです。それがデータではっきり見えているので、私は**訪問を希望した人以外には展示会終了後ただちにフォローしない**ようにアドバイスしています。

では、古いリストから案件が出る理由はなんでしょうか？　古いリストが嫌われる最大の原因は不達率が高いからです。実際にＢtoＢでは年間で３〜５％が、転・退職、会社の倒産、統廃合、社名変更などの理由で減衰しますから**10年だと約半分は死んでいる**ことになります。

たとえば10年前の展示会で収集したデータが３０００件出てきたとします。半分は不達だったとしても、残りの１５００件は生きています。そしてこの１５００人は勤続10年以上の人のリストであり、同等のものを収集することが極めて困難な価値あるリストです。

日本企業は展示会には若手を情報収集に行かせる傾向があります。当時25歳のエンジニアだった人も、10年たてば35歳。課長、課長補佐といった製品選定の中心的役割を担う年齢になっていることが多いのです。私は**「2000年以降のデータなら使いましょう」**とアドバイスしています。リードデータもワインのように熟成が必要なのです。

【チャネル2】営業やエンジニアの名刺交換

日本の平均的なビジネスパーソンのデスクの中には2000~3000枚の名刺が眠っていると言われています。これは活用するノウハウさえあれば極めて高いポテンシャルを秘めた資産です。でも、価値に気がついていなければ、あるいは活用するノウハウを知らなければ、足元にある大量の名刺を放っておいて、新しいデータ収集のために展示会やSEMにコストと手間をかけるしかありません。そして社内で眠る名刺は、その価値に気づかれないまま何かのタイミングで廃棄されます。こうした社内で眠っている大量の名刺データを活用するのも、日本企業のデマンドセンターの重要な仕事です。

しかし、マーケティングオートメーションを導入してデマンドセンターを構築するとき、担当者が最初に苦労するのは「社内の名刺データの収集」なのです。営業は基本的に自分の名刺を**自分の個人資産**と考えていますし、事業部ごとの壁もあります。全社の名刺データを統合しようとすると「俺のお客様に何をするつもりなんだ」となってしまいます。

名刺を活用するには、営業やエンジニアのデスクの中、事業部や広報のファイルサーバに散在するデータを全部コピーさせてもらい、紙のものはデジタル化してマーケティングオートメーションに登録し、マージ（名寄せ）＆パージ（競合・営業対象外の排除）を行い、企業とそこに所属する個人をひもづけて、はじめてデマンドセンターで利用できる状態になるのです。

【チャネル3】ウェブからの登録

ＢtoＢマーケティングでは基本的に**個人を特定できないデータはリードデータとしてカウントしません。**たとえクッキーによって追跡できても、ＩＰアドレスによって所属している企業が特定できても、個人が特定できなければリードデータの定義には足りないのです。それは、デマンドジェネレーションの役割が営業や販売代理店に営業案件を供給することだからです。

営業は会社名がわかっても、**個人が特定できなければ訪問して案件化することはできません。**「あの企業の誰か」ではダメなのです。同じ理由でＳＮＳでのフォロワーやＲＳＳのリーダーもカウントしません。これらはすべて「アノニマス（anonymous：匿名の）」という顔の見えないアクセス者なのです。この点が、広告を効率よく配信することを目的としたＤＭＰ（Data Management Platform）との違いです。

個人を特定するためのいくつかの手法

デマンドセンターは、個人を特定できないアノニマスに対して、マーケティングオートメーションの機能を駆使して**名を名乗ってもらう施策**を用意します。代表的な手法をいくつか見てみましょう。

1 メルマガ登録

読者に有益な情報を届ける**メールマガジン**は今でもリードナーチャリングの有力な手段であり、メール起点での行動解析データは極めて重要なスコアポイントです。このメールマガジンのサンプルやインデックスを自社サイトやオウンドメディアで公開することで、配信希望者にユーザー登録してもらうのは、オーソドックスですがいまだに有効です。もちろん成否を分けるのはメールマガジンやランディングページのコンテンツの「質」になりますから、ここにしっかりとリソースを割くべきでしょう。

2 資料ダウンロード

資料をダウンロードするときに**ユーザー登録**してもらう手法は、米国では「ホワイトペーパーダウンロード」と呼ばれています。これは自社のサイト内で登録してもらうこともあれば、専門メディアに資料を置いて、ユーザー登録させてダウンロードした人のリストを入手する方法もあります。

注意点としては、**資料をダウンロードした人にすぐ電話をかけたり、訪問したりしないほうがよい**という点です。もちろん商材にもよりますが、ＢtoＢの場合、オンラインから資料をダウンロードする人の多くは「まだ営業に訪問してほしくない」と考えている情報収集段階の人が多く、ここでガンガン電話をかけたり訪問したりすると逆効果になるからです。マーケティングの設計で、すぐに対応すべき「問い合わせ」と「資料ダウンロード」は分けるべきだと私は考えています。

3　動画閲覧

日本でも今後増えてくるのが動画を使ってユーザー登録を獲得する手法です。**ウェビナー（ウェブ＋セミナー）**と呼ばれるリアルタイムセミナーを配信し、質問も受け付けるタイプと、あらかじめ録画して編集した動画を用意して登録者が閲覧できる仕組みがあります。多くのマーケティングオートメーションは動画配信サーバとのＡＰＩ連携を可能にしており、動画を起点にしたリードジェネレーション、リードナーチャリングが可能になっています。

4　チャット利用

日本ではなかなか普及しないのがこの**チャット**です。米国のＢ to Ｂマーケティングではかなり利用が進み、グローバル企業ではインドなどに24時間のチャットセンターを置いて質問やサポートを行い、ユーザー登録も獲得しています。代表的なマーケティングオートメーションであるEloquaの開発チームは、かつてチャットシステムを開発していました。

ただ、日本のビジネスパーソンが、面識のない人とチャットでコミュニケーションをするのはかなりハードルが高いので、日本向けのチャットセンターを構築したけれど「開店休業です」という企業もあるくらいです。日本の場合、ユーザーサポートなど既存ユーザーとのコミュニケーションで活用する可能性はあるものの、新規リードの獲得でチャットを活用するのはもう少し先かも知れません。

３つのチャネルで収集した顧客・見込み客データを**「リードデータ」**と呼び、これをマーケティングオートメーションに登録して、名寄せ、企業と個人のひもづけ、競合や営業対象外の排除といったデータマネジメントを行っていきます。

ここが第一関門で、特に日本企業にとっては非常に高いハードルになります。日本のデータの名寄せは世界で一番難しいと言われているからです。データマネジメントとマーケティングオートメーションの関係については次項でくわしく説明しますが、マーケティング用語で**「マージ&パージ」（名寄せ&営業対象外排除）**と呼ばれるプロセスをきちんとやらずにマーケティングに使うと、**成果より先に事故やクレームを引き起こします。**

また、こうした名寄せなどの機能もマーケティングオートメーションによってさまざまで、中にはメールアドレスがないデータは登録すらできないものもあります。もしマーケティングオートメーション導入のミッションのひとつが「社内リードデータの統合と可視化」であるならば、導入の段階ですでに大量の「登録できないデータ」を残すことになり、ミッションを遂行できなくなってしまいます。

②「データマネジメント」～料理の下ごしらえはしっかりと～

マーケティングオートメーションをプラットフォームにしてデマンドジェネレーションを行う際に、必ず行わなければならないのが**データマネジメント**です。言うまでもなくこのマーケティングは、正しく管理された「洗練されたデータベース」がなければ実現できません。日本のB to Bビジネスはリードデータを収集してから案件化するまでと、案件化してから受注になるまでのそれぞれのリードタイムが欧米にくらべて長い、という特徴があります。このことは、欧米のデマンドジェネレーションよりも**長期間にわたってデータを洗練された状態で保持する必要がある**ことを意味します。

マーケティングオートメーション各社が米国での製品リリース後、10年近くも日本市場に参入しなかった理由のひとつが、この「データマネジメント」です。日本の企業と個人のデータマネジメントに求められる難易度が高過ぎて、彼らが想定するコストではローカライズできなかったのです。

データマネジメントの4つのプロセス

私の会社では、データマネジメントを4段階のプロセスに分けています。

1　企業と個人の名寄せ

「NEC」「nec」「エヌイーシー」「ニチデン」「日本電気（株）」など、表記揺れを起こしているものをすべて「日本電気株式会社」にそろえ、同様に表記揺れを起こしている個人名もそろえて、できるだけ新しいものを「正」として、データベースの中に**ひとつの会社が複数存在しない、同じ人が複数いない状態**にします。

2　企業と個人のひもづけ

企業の中に散在する個人情報を収集すると、**「ひとつの企業に所属する多くの個人」**という構造になります。企業内のニーズを発見するには、このひもづけがしっかりしていなければ企業単位でのスコアができません。日本では特に重要なプロセスですし、第3章で説明するＡＢＭ（Account Based Marketing）を行おうとすれば絶対に必要なことなのです。

3　競合・営業対象外の排除

展示会で収集した名刺や営業が交換した名刺には、競合や自社の仕入先などの**営業対象外**が混入しています。これを排除しないでマーケティングを実施すれば、競合に事例情報を紹介したり、メルマガやセミナー案内を送ることになり、その結果、営業に迷惑をかける場合もあります。

4　企業データへの属性情報の付与

製品やサービスによって、ターゲットの業種や規模、エリアなどが異なるものです。そうした条件を加味しないでウェブ上の行動解析だけでスコアすれば、大型の工作機械を担当している営業に、購入の可能性がほとんどない小さな工場のリストを渡すことになります。**スコアは「企業の属性情報」と「個人の行動解析」の2軸が基本**ですが、営業によっては企業の属性情報のほうを高くスコアしてほしいというケースも少なくないのです。

こうしたデータマネジメントは料理で言えば「下ごしらえ」に該当しますが、これをしっかりやらないと成果よりも先に事故を起こしたりクレームを発生させたりしますので、くれぐれも手を抜かないでやってください。

「名寄せ」の難しさ　～表記揺れで起きるトラブル～

データマネジメントの中でも重要な「名寄せ」について、もう少しくわしく説明しましょう。全社に散在している個人情報を収集して統合すると、同じ会社が複数社存在し、同じ人が複数人存在します。これをまとめることを**「名寄せ」**、または**「マージ」**と言います。この名寄せを難しくしている原因のひとつは**「表記の揺れ」**と呼ばれるものです。日本という国は、企業名、個人名ともに表記の揺れが激しいという特徴があります。

企業名の揺れ

たとえば「東日本電信電話株式会社」という企業があります。英語での正式名称は「NIPPON TELEGRAPH AND TELEPHONE EAST CORPORATION」です。通信の大手ですから誰でも知っている企業です。しかし、この会社の表記の揺れは途方もない数になります。

私は、あるクライアント企業のデータの中に、この会社の数百人の社員がオンラインで登録したデータを見たことがありますが、その多くが「ＮＴＴ東日本」「ｎｔｔ東」「エヌ・ティー・ティー東日本」などと登録しており、中には「エヌ・テー・テー東」という表記までありました。もちろん「ＮＴＴ」も大文字／小文字や全角／半角の揺れがあり、これに「(株)」や「株式会社」を加えると100近い表記揺れを起こすことがわかります。これらをすべて「東日本電信電話株式会社」に修正してそろえないと名寄せになりません。

「日本電気株式会社」も国内では知らない人がいない超有名ブランドで、同時に日本で最もシンプルな社名のひとつでもあります。これもあるクライアント企業のデータの名寄せで実際に経験したことですが、その企業の約3万人の顧客・見込み客データの中に日本電気の社員が300人ほどいました。その大半はセミナーやイベントへの参加申し込みなどで、本人がウェブから登録したデータか、名刺交換をした営業が入力したものです。

この300人の登録情報の会社名の表記を整理すると、表記揺れが40パターン以上ある

図2-1 企業名の表記の揺れ

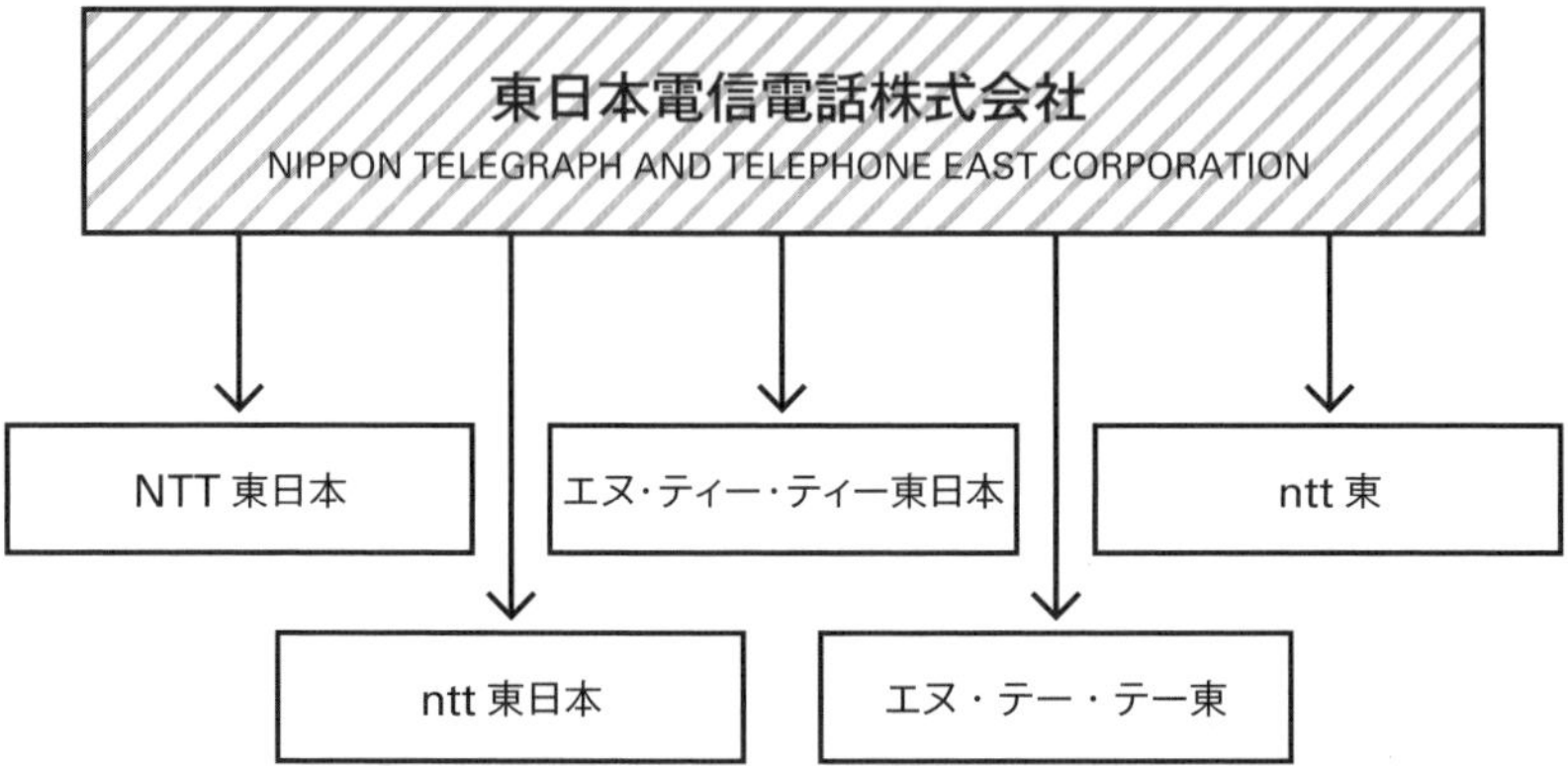

のです。実はその中で最も少なかったのは「日本電気株式会社」という正式名称でした。圧倒的に多くの方が「ＮＥＣ」と登録していますが、これも全角／半角、大文字／小文字、そのミックスもあれば、カタカナ表記での「エヌイーシー」もあります。これらのほかに、「日電」もあり、さらにアルファベットで「ＮＥＣ」と書き、そのうしろに「株式会社」と書いたり「(株)」と書いたり。さらにこの中のどこかに中黒（・）を入れたものもありました。これらをすべて「日本電気株式会社」に変換しないと企業の名寄せはできないのです。最もシンプルな社名の企業でこれですから、ほかの企業がどれほどの表記揺れを起こすか想像がつくと思います。

個人名の揺れ

さらに日本では、個人名の表記の揺れも少なくありません。ウェブからセミナーに申し込んだときに書いた名前と名刺の表記が違う、数年前にもらった名刺と今年の名刺の表記が違う、ということが頻繁に起こります。こう説明すると、「何もそんなレアケースを出さなくても……」と思われるかもしれません。しかし、斉藤の斉（斎・齋・齊……）、渡辺の辺（邉・邊）、高田の高（髙）、浜田の浜（濱）、広田の広（廣）、宝田の宝（寶）、など、決してレアとは言えない一般的な名前の表記が揺れるのです。

マーケティングオートメーションと同じようにメールを扱うソリューションとして、メール配信システムがあります。大量のメールを高速配信したい企業はメール配信システムを採用してきましたが、データマネジメントにおいてそれほどの問題は出ませんでした。ではなぜ、メール配信では問題のなかったデータマネジメントがマーケティングオートメーションでは問題なのでしょうか。

メール配信は、配信のタイミングでひとつのメールアドレスに1通しか出さないという制御ができれば重複配信は起こりません。もし配信拒否をされたらそのメールアドレスにフラグ処理をしておけば、配信を止めることができます。つまり**出口さえ制御できれば事故を起こさずに運用できる**のです。

一方、マーケティングオートメーションのミッションは**「スコアリング（点付け）」**によって有望見込み客（ＭＱＬ）を探し出すことです。オンライン、オフラインの行動解析と、企業の業種、規模、取引実績などの属性情報をスコアリングし、自社の製品やサービスで解決可能な問題を抱えている企業と担当者を見つけなければなりません。行動解析からスコアリングを行うにはデータベースに登録されている人はユニーク（一意）になっている必要があります。

もし同じ人が表記の揺れによって４人分登録されていたら、本来1人に付与されるべき75点のスコアが、「30点の人が1人、15点の人が３人」のように分散してしまうかもしれません。もし「40点以上を有望と判定し、営業チームにレポートする」というスコア設計をした場合、倍近いスコア（75点）を持つこの人がリストに入ることはないのです。正しくスコアリングするためにデータベースの中に同じ人が複数存在してはいけないのです。

図 2-2 個人名の揺れがスコアリングに与える影響

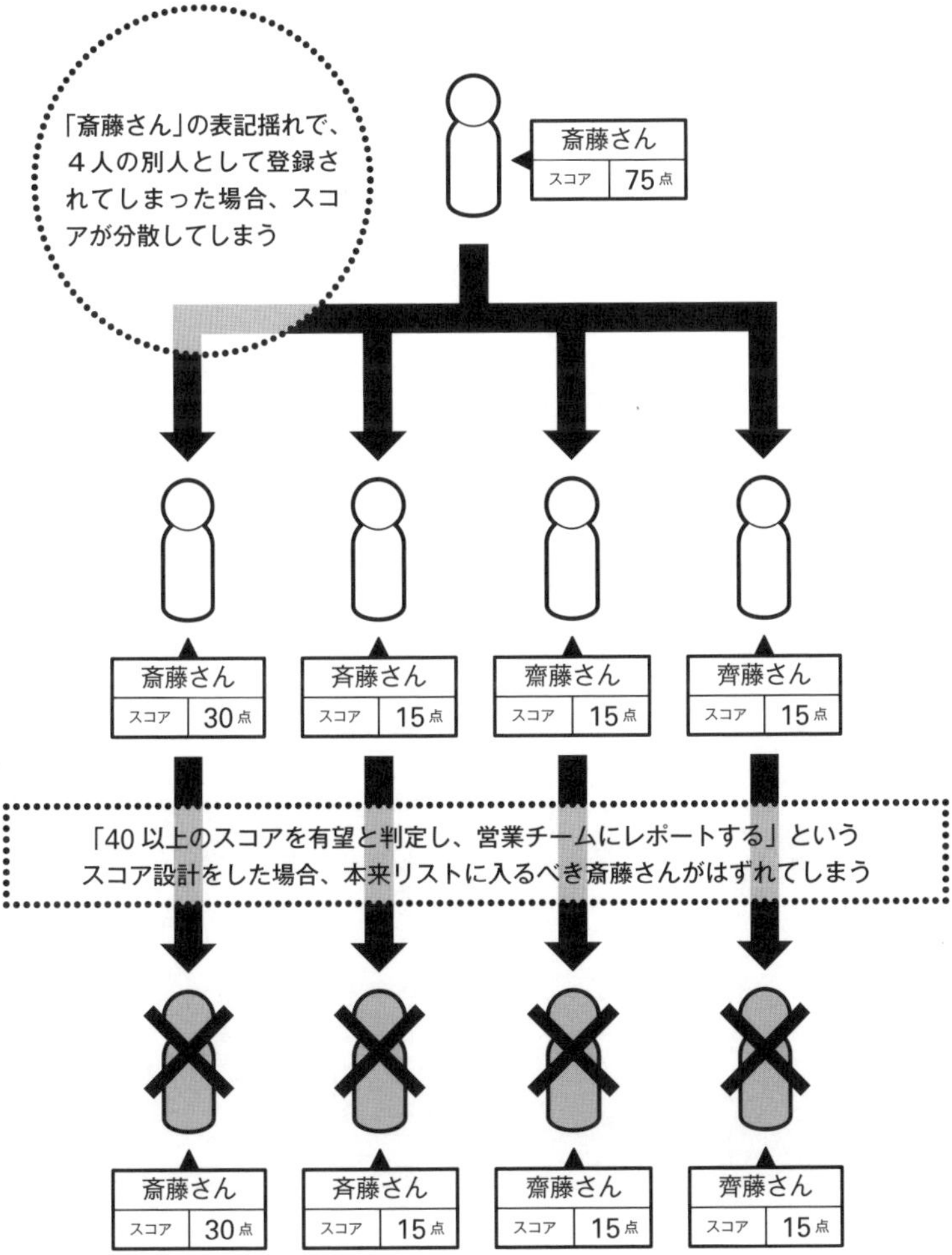
「斎藤さん」の表記揺れで、4人の別人として登録されてしまった場合、スコアが分散してしまう
斎藤さん
スコア 75点
斎藤さん
スコア 30点
斉藤さん
スコア 15点
齋藤さん
スコア 15点
齊藤さん
スコア 15点
「40以上のスコアを有望と判定し、営業チームにレポートする」というスコア設計をした場合、本来リストに入るべき斎藤さんがはずれてしまう
斎藤さん
スコア 30点
斉藤さん
スコア 15点
齋藤さん
スコア 15点
齊藤さん
スコア 15点

日本のスコアリングは「企業」と「個人」の2軸が基本

「企業」と「個人」、それぞれの表記揺れを解消し、名寄せすることについて説明してきましたが、ここで重要なのは、**「企業を完全に名寄せしなければならない」**ということです。その理由はなんでしょうか？

日本におけるスコアリングは、**「企業の属性情報」**と**「個人の行動解析」**の2軸が基本です。これに時間軸を入れたり、流入経路を入れたり、個人の属性（部署・役職）を加えたりしますが、基本は2軸なのです。この「企業の属性情報」とは、業種、規模（社員数・売上）、事業所数、事業所在地などですが、これらの情報は名刺には書かれていません。調査会社である東京商工リサーチ社などが提供している「企業コード」を付与して、必要な属性項目を追加しない限りスコアには使えないのです。

もし企業の属性情報を使わないで個人の行動解析だけでスコアすれば、「何度もウェブページを閲覧した」「資料をダウンロードした」「動画を閲覧した」という行動でスコアがどんどん上がっていきます。しかし日本ではこうした行動をとる人の多くは競合企業の社員ですから、営業に渡してはいけない人なのです。

良く言えば「割り切りがうまい」米国人が作ったマーケティングオートメーションは、メールアドレスが一致すれば同一人物と判定し、新しいものを「正」として自動上書きする基本設定になっています。これも日本で使う場合、気をつけなければならないポイントです。個人情報はさまざまなルートから、さまざまなフォーマットで絶えず集まってきます。特に近年のマーケティングオートメーション各社の開発の方向性は、リンクトインやフェイスブックといったＳＮＳなどとの親和性を高めてオンラインでのリード獲得や行動解析を強化するというものです。この結果、本人がオンラインで入力した略式表記や抜け(Null：ヌル。何もないという意味のプログラミング用語)が多い情報が増える傾向にあり、「メールアドレスの一致で自動上書き」という設定のまま使うと、名刺ベースの正確な情報を、「本人が入力した略式表記や抜けだらけの情報」で更新してしまい、せっかく**整理したデータがあっという間に劣化する**ことになります。こうした運用ルールの設定や日々の運営もデータマネジメントでは非常に重要なポイントなのです。

「正規化」の罠

マーケティングオートメーションやＣＲＭの導入プロジェクトでは、情報システムの担当者から「企業の名称や住所の表記を正規化してほしい」と依頼されることがあります。この**「正規化」も日本ではあまりお勧めできません。**日本の法律で「正規」とは、法務局に届けた登記簿の記載情報になります。登記簿謄本を見ればわかりますが、多くの企業の住所は名刺とは違う書き方で登記されています。

たとえば私の名刺には会社の住所が

「東京都中央区日本橋本町３‐４‐７」

と印刷してあります。しかし登記簿では

「東京都中央区日本橋本町三丁目4番7号」

となっています。正規と言えば後者になるのです。もっと古い企業であれば「三丁目」は「参丁目」かもしれません。つまり、住所の正規化は混乱を招くだけなのです。

さらに、**法令順守**の意味からもデータマネジメントは極めて重要です。個人情報保護法の第19条では「データ内容の正確性の確保」を義務付けていますし、第25条では「開示」を義務付けています。この条項にもとづいた開示請求で最も多いのは「私の個人情報をいつどこで入手したのですか?」というものです。これに回答するためには、データベースに「2009年の設計・製造ソリューション展」などと登録されている必要があります。

このようにマーケティングオートメーションを活用してデマンドジェネレーションを実施しようとする場合、**データマネジメントが最初にして最も手強い難関になります。**このほかにもまだ次のように多くの課題があり、このデータマネジメントを語るだけで分厚い本ができるほどです。

「競合企業のフラグはどう立てるべきか?」

「部署や役職はどうアップデートするのが現実的なのか?」

「企業の属性情報はどう購入し、どう付与することが適正なのか?」

「メール配信の許可と拒否、不明ではフラグの強さを変えるべきか?」

「削除依頼があった場合、本当に完全に削除するのか、削除フラグを立てるのか?」

「与信の企業評点は企業の属性情報に付与すべきかどうか?」

「メールに反応しない人のデータは何年くらいで削除するものなのか?」


日本で企業情報と個人情報をきちんと管理することは、世界でも類例がないほど難しく、しかも極めて重要なことです。マーケティングオートメーションの導入にあたっては、くれぐれもこのプロセスで手を抜かないように運用を設計してください。

③リードナーチャリング
〜「発芽したニーズ」を育てる〜

スタートアップ企業や、海外から進出したばかりの企業を除けば、多くの企業の内部には過去のさまざまな営業行為で蓄積された顧客・見込み客・過去客のデータが存在しているものです。これらをきちんと整理整頓（データマネジメント）して、啓蒙・育成（リードナーチャリング）することは、顧客へのノイズを最小化し、営業に無駄骨を折らせないためにとても大切なことです。

「リードナーチャリング（Lead Nurturing）」の「ナーチャリング」の語源は「子育て」から来ています。母親が子供を育てるようにていねいに行う「見込み客の育成プロセス」を表現するマーケティング用語なのです。

BtoBマーケティングの特徴は「内部にニーズがなければ案件化しない」ということです。「当たり前だろ……」と思われる方も多いと思いますが、実はBtoCは違うのです。私はあまりお洒落な人間ではありませんがネクタイを50本近くもっています。当然ですが首はひとつだけなので、日に1本しか出番はありません。友人には高級腕時計を20個以上もっている人がいます。その人が2つの時計を着けているのを見たことがありませんから、やはり日に1個しか出番はないはずです。これはつまり合理的なニーズはなくても購入した結果なのです。

しかしBtoBでは購入するのは個人ではなく法人で、稟議で決裁する慣習があります。承認プロセスに従って稟議書にハンコが並ばないと購入できないのです。日本企業はこのプロセスで経済合理性の希薄な投資を防いでいます。ですから、ＢtoＢマーケティングのナーチャリングは、**「企業内にニーズが発芽したときに真っ先に思い出してもらう」**ことを目指すのです。

BtoBにおける3つのブランディング

企業内に「ニーズが発芽する」とき、何らかの「解決すべき問題が発生している」ことを意味します。この「問題解決」を「ソリューション」と言います。BtoBマーケティングにおけるブランディングを次の3つに分けて考えると、ナーチャリングの意味が理解しやすいと思います。

- 企業ブランド
- 製品ブランド
- ソリューションブランド

「企業ブランド」と「製品ブランド」は、ターゲット市場の担当者から見た場合の認知度です。社内にある課題が発生したときに真っ先に思い浮かぶ企業か製品であることが重要だからです。聞いたことのない企業から何かを購入するのは誰でも抵抗がありますし、知らない製品やサービスは検討しようがありません。

しかし、**BtoBマーケティングで最も案件化と強い相関を持っているのは、3番目の「ソリューションブランド」です。**企業名や製品名は知っていても「その製品（企業）は、どんな企業のどういう部門がどういう状況になったときに、その問題を解決するものなのか」という**ソリューションとしての認知**がなければ、担当者はその製品を深く知ろうとしないからです。

優れた製品やサービスでありながら売れていないものの多くは、企業名は知られているが、そういう製品やサービスを持っていることは知られていないというケースが多いのです。さらに言えば、企業名は知っているけれど、何が得意なのかはよく知らない、というケースも多いのです。得意技を知られていなければ相談相手に選んでもらえません。

その理由で、ナーチャリングのコンテンツには、製品のスペックや特性、価格などではなく、**問題解決事例**をよく使います。事例を通して、その製品やサービスはどういう企業のどんな問題を解決できるのかを記憶してもらい、必要な状況になったら真っ先に思い出してもらうためなのです。

企業内にいる「3種類のユーザー」を理解する

私は、このリードナーチャリングを効果的に実施するなら、**「データマネジメントとコンテンツマネジメントの高度なバランス」**しかないと考えています。どちらが欠けても、バランスが悪くてもダメですし、そのためにこそマーケティングオートメーションが存在します。

たとえば会計システムのリプレース（買い替え）は平均で5～7年で行われると言われています。担当者が次のシステムのために情報収集を始めるのがその1年前ならば、当該年度とその前年度が最も具体的な情報を必要としていることになります。もしデータが整備されていれば、その2年間には集中して濃い情報を、ほかのリードにはもっと範囲の広い、読み手にとって面白い情報を発信してメールの配信拒否を最小に抑えながらファン作りをするようなコンテンツマネジメントが可能になります。

工作機械であれば、データベースに登録されている人を職位によって分類してコンテンツを変える必要があるかもしれません。多くの場合、機械をオペレーションしている人と選定する人は別になります。機械を日々オペレーションしている人を**「オペレーショナルユーザー」**と呼びます。機械の選定を主導する人は、ラインマネージャー、生産管理などの部門にいる人で、日本企業では課長クラスが多いと言われています。この人を**「テクニ**

図2-3　システムのリプレースとコンテンツマネジメント

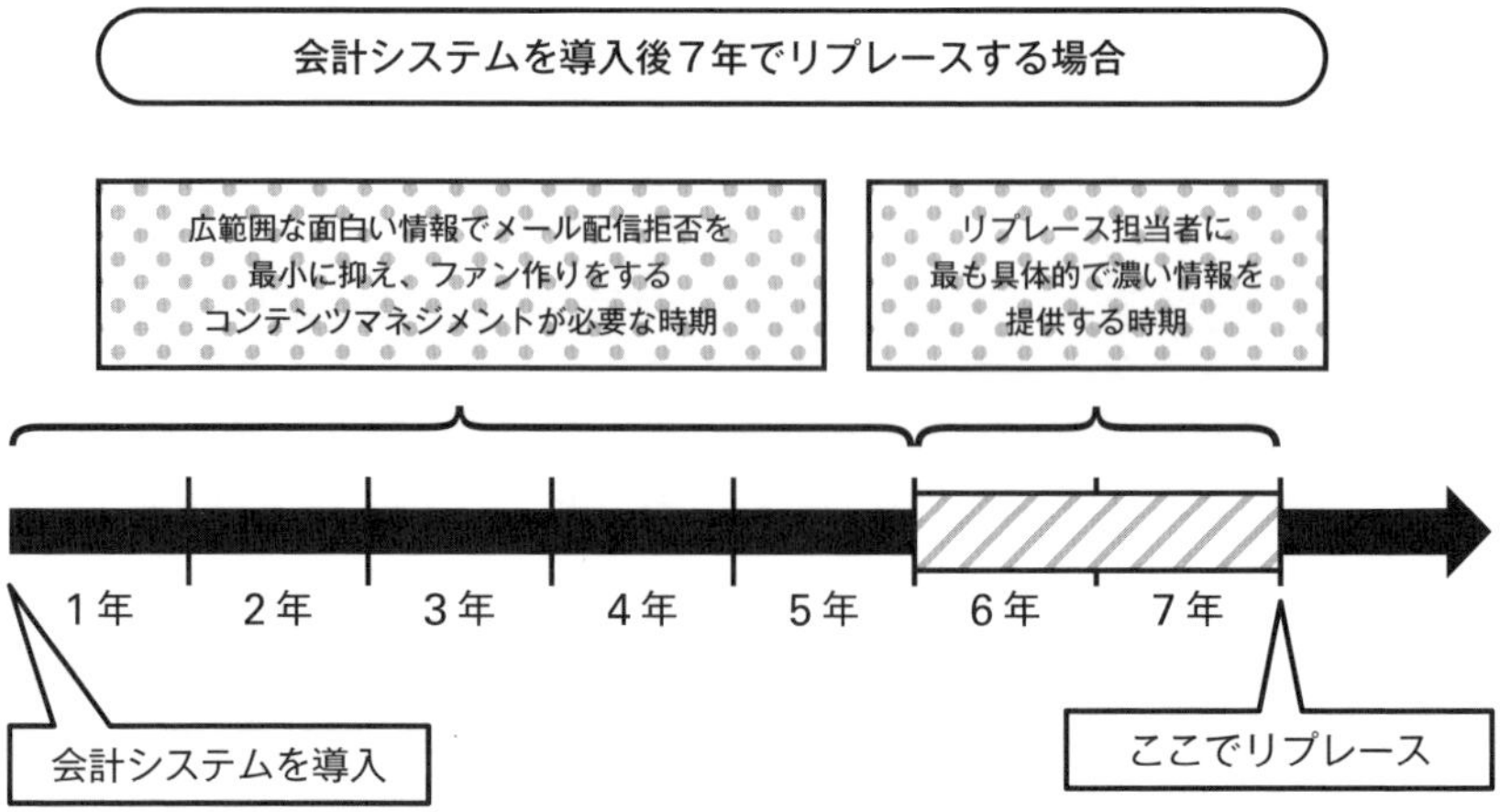
会計システムを導入後７年でリプレースする場合
広範囲な面白い情報でメール配信拒否を
最小に抑え、ファン作りをする
コンテンツマネジメントが必要な時期
リプレース担当者に
最も具体的で濃い情報を
提供する時期
1年
2年
3年
4年
5年
6年
7年
会計システムを導入
ここでリプレース

カルユーザー」と呼びます。さらに稟議書の上のほうに判を押す「お金を握っている人」もいます。この人を「**エコノミカルユーザー**」と呼びます。

実はこの3人は、それぞれほしい情報がまったく違うのです。多くの場合、オペレーショナルユーザーは「機械の操作に関する情報」を求めます。便利な機能、自分がまだ使っていない高度な機能、ショートカットできる隠しコマンドなどです。彼らは選定に関わることはありませんが、彼らに「使いにくい」「サポートが悪い」と言われれば次の選定には大きなハンディキャップを抱えることになります。しっかりコミュニケーションする必要があるのです。

テクニカルユーザーは選定の主役ですから、競合製品との比較データや、活用事例、

図 2-4　企業内の3つのユーザー

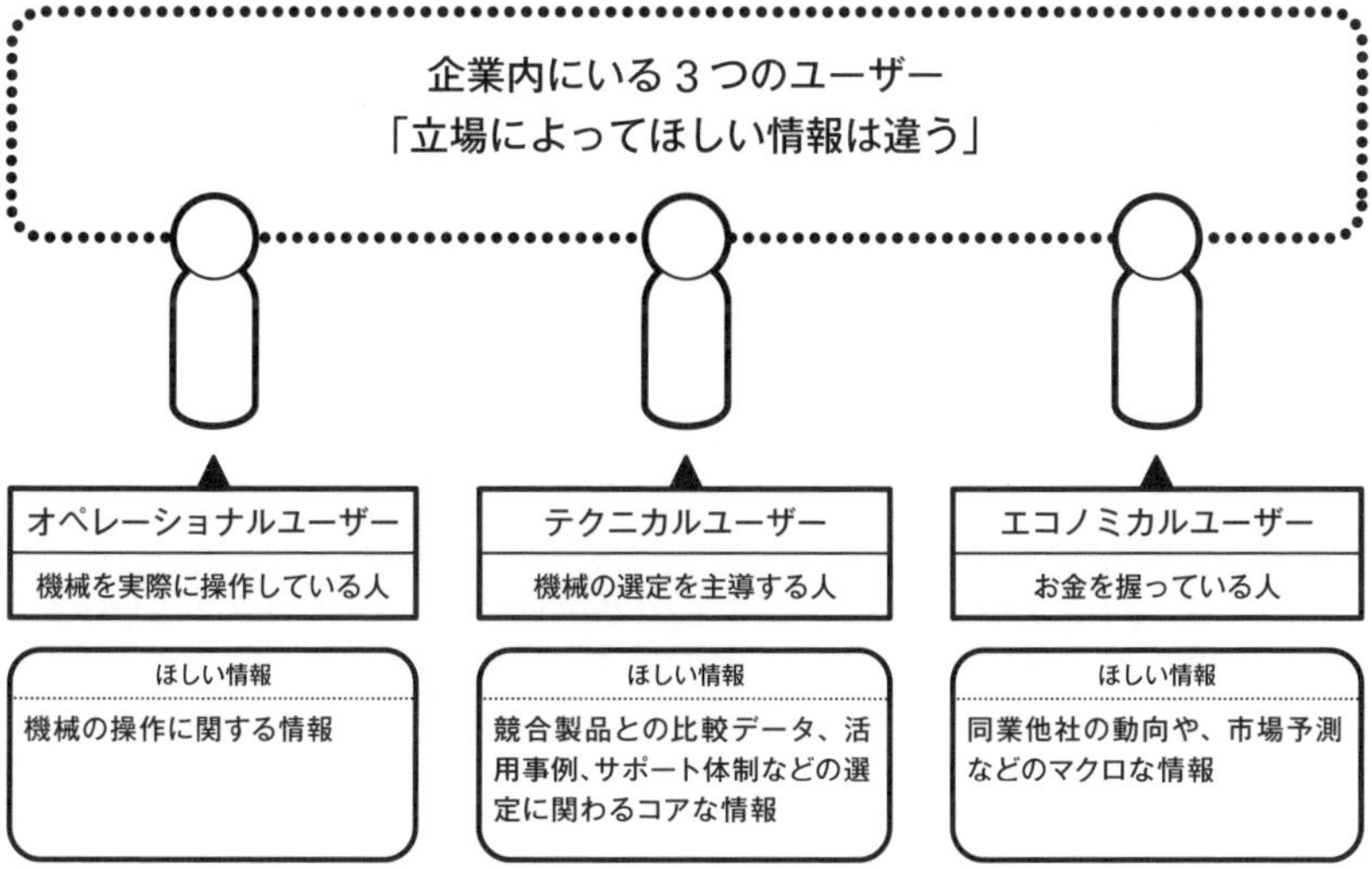
企業内にいる3つのユーザー
「立場によってほしい情報は違う」
オペレーショナルユーザー
機械を実際に操作している人
ほしい情報
機械の操作に関する情報
テクニカルユーザー
機械の選定を主導する人
ほしい情報
競合製品との比較データ、活用事例、サポート体制などの選定に関わるコアな情報
エコノミカルユーザー
お金を握っている人
ほしい情報
同業他社の動向や、市場予測などのマクロな情報

サポート体制、マニュアルのバージョン管理、メーカーの教育研修制度などの選定に関わるコアな情報をほしがります。エコノミカルユーザーはその機械の専門知識はありませんから、同業他社の動向や、市場予測などのマクロな情報を提供する必要があります。

こうしてマーケティングオートメーションプラットフォーム上で、顧客にとって有益なコンテンツとデータマネジメントを駆使してナーチャリングすることは、**リードの離反を防ぐ効果**もあります。コンテンツに反応しなければスコアはされませんから、コールや訪問の対象にはなりません。コンテンツを深い階層まで読んだり、関連資料をダウンロードしたり、動画を観たりするということは、その製品の情報に関心をもっているわけですから、ニーズ確認のメールを送ったり、インサイドセールスからコールをしても拒否反応を起こされることはまれなのです。

日米の意思決定の違い

日本のBtoBマーケティングの特徴のひとつに、**「リードナーチャリングに長い時間がかかる」**ということがあります。これは意思決定のプロセスが欧米の「トップダウン型」ではなく、「ボトムアップ型」だからなのですが、このことは、**欧米よりも多くのリード数を、長い時間をかけてナーチャリングする必要がある**ことを示しています。どんな会社でもCEOは1人ですが、部長は数十人、実際に稟議書を起案する課長、課長補佐は200人以上いる会社も珍しくはないのです。その中で誰が意思決定者に最も影響力があり、積極的に情報収集しているかを探る作業が必要なのです。

「B to Bマーケティングとは科学と感性の両面をあわせもつ、この世で最も素敵な仕事のひとつ」と私はいつも考えています。それは、この想像と創造がクロスしたコンテンツマネジメントと、精密な管理が要求されるデータマネジメントのことなのです。

④リードクオリフィケーション〜スコアリングによるリードの絞り込み〜

さて、いよいよマーケティングオートメーションの主役とも言える**「スコア」**について話しましょう。BtoBマーケティングの中でリードナーチャリングというプロセスは極めて重要です。しかし、育成するだけでは意味はありません。常に育成やニーズの発芽状態をチェックしなければ、せっかく育てた見込み客を競合他社に収穫されてしまうからです。

この工程を**「リードクオリフィケーション（Lead Qualification）」**と呼びます。「クオリファイ」は「絞り込む」という意味があり、日本ではあまりなじみのない言葉ですが、マーケターには必須の言葉です。なぜならマーケティング活動で育成・絞り込みをされた有望見込み客リストを**「MQL：Marketing Qualified Lead（マーケティングクオリファイドリード）」**と呼ぶからです。その育成や発芽状態をチェックし、絞り込むときに使うのが「スコア」です。

実は「スコア」はすでに私たちの日常の周囲にあふれています。「エディー・バウアー」などの通販カタログで何かを購入したことがある人の中には、いつの間にかカタログが届かなくなったという経験をした人がいると思います。雑誌のようなテイストで制作された紙のカタログは今でも強力な販売媒体なのですが、このカタログの制作費と発送費が膨大になると大きな負担になります。そこで通販会社は常にさまざまな顧客分析手法でスコアをし、総合スコアが一定の点数以下に下がると、すぐにカタログの発送を止めることで、カタログの配布数をコントロールしているのです。

もっと身近な例では**航空会社のマイレージ**があるでしょう。マーケティングでは「フリークエントフライヤープログラム（Frequent Flyer Program）」と呼ばれ、1981年にアメリカン航空が始めたものです。利用客を利用内容に応じた「マイル」でスコアすることで、競合から守るべき顧客を選別しています。新規顧客を獲得し、既存顧客を守ることを目的としていますから、このスコアで選別された優良顧客にはアップグレードやラウンジの利用などの特典が与えられます。

なぜBtoBでは「スコアリング」が重要なのか

BtoBの世界でもスコアリングは昔から行われていました。新規開拓の営業がテレアポ（Telephone Appointment）先を決めるときに、四季報やウェブで企業の規模や売上、直前期の利益などをチェックすることもある種の「スコア」ですし、LPガスの営業マンが、中華料理店などの裏に置いてあるガスボンベに印刷してある会社名から今の納入業者を探り当て、その企業の提示額より安い提案書を持って訪問することも「スコア」と言えるでしょう。システム化されてはいませんし、定量的とも言えませんが、このようにスコアして優先順位を決めることは新しいことでもなんでもありません。

では、なぜ今になってこの「スコア」が注目されているのでしょうか？　第1章でも触れましたが、日本企業の営業部門は引き合いに対する依存度が高過ぎるのです。既存製品を既存顧客に販売するときにはこれで何とかなりますが、既存顧客に新製品を売ろうと思えば、今までとは違う事業所や部門に行って、今までとは違う人に会わなくてはなりません。引き合いは期待できないのです。ここはデマンドセンターが**「その新製品で解決できる問題で困っている人」**を探してあげなければなりません。そうでなければ、どこの部署の誰に会えばよいのか、雲をつかむような話になってしまいます。

さらに今、日本企業が最も困っているのは**「海外を含む新市場の開拓」**です。既存製品を新しい市場、新しい企業に売りたいのです。ここには営業は誰も通っていませんし、土地勘もないので引き合いはまったく期待できません。ここもデマンドセンターが案件を探し出すしかないのです。そして、探し出すには「スコア」が必要なのです。

何をスコアリングするべきか

マーケティングオートメーションを使ったスコアリングの基本は**「属性」**と**「行動」**の2軸です。行動は主にウェブ上の行動解析で、「どのページを何階層まで閲覧した」「どの資料をダウンロードした」「どの動画を観た」という行動をスコアします。一方、属性については繰り返しになりますが、私は日本では米国とツールの設定を変えるべきだとアドバイスしています。米国の場合は基本的に属性も個人を見ます。個人の部署や役職をスコアするのです。個人の役職がCクラス、つまり役員クラスであれば、最高スコアになりますから、行動のスコアが低くてもハイスコアになります。米国生まれのマーケティングオートメーションは、このハイスコアを指すときに「エンゲージ」という言葉をよく使います。直訳すれば「囲い込んだ」「引き付けた」ということでインサイドセールスのコール対象や営業の訪問対象になるのです。

私は経験に照らして、**日本では「個人」ではなく、所属している「企業」の属性をスコアするべき**と考えています。個人の役職よりも、その人が所属している企業の業種や規模が、自社製品やサービスのターゲットなのかどうかという点がはるかに重要な要素だと思っているからです。そもそも、中堅以上の日本企業では役員クラスが何かの選定に関わることはあまり多くありません。彼らは信頼している部下に選定や価格交渉を任せ、自分は承認側にまわります。つまり営業がアプローチする対象ではないのです。

進化するスコアリング

属性も行動も、段階的に進化させていく必要があります。企業の属性でスコアする項目を増やすのも進化です。売上や社員数、事業所数、店舗数など、案件化に最も相関の高い変数をスコアするのです。多くのマーケティングオートメーションでは、スコアにプラスからマイナスまであります。たとえば属性情報で「有限会社」や「個人事業主」をマイナススコアにしたり、営業拠点がない地域をマイナススコアにすることもできます。また、個人の部署や役職をあわせてスコアすることも、商材によっては必要かもしれません。

行動で最も初歩的なスコアはクッキー情報を使ったウェブ上の行動解析です。これにプラスして「展示会に来た」「セミナーに参加した」「アンケートにチェックをつけた」「誰と名刺交換した」などのウェブ以外の行動もスコアすることができます。これが**マルチコンタクトポイント**です。

また行動には時系列がありますから、古い行動は経過時間で**「減衰」**させるスコアリングも可能です。減衰は時間軸だけでなく、コンテンツでもスコアすることができます。単純に言えば採用ページに行った人はその会社への転職を考えているのかもしれませんが、営業が追いかけても案件化する可能性は低いでしょうからマイナススコアの対象です。営業の数が極端に少ない場合、このマイナススコアを多めに設定し、より案件化する可能性が高い人だけを絞り込むように設計することもできるのです。

スコアリングの注意点

スコアリングで気をつけなければならないことは、**「競合をスコア対象から外すこと」**です。普通のビジネスパーソンは自分の会社のウェブはほとんど見ないものです。ではウェブで何を見ているのでしょうか？　彼らは競合サイトの製品情報や導入事例などを穴があくほど見ています。それをスコアしてしまえば**有望見込み客リストの上位は、みんな競合か競合の販売代理店になってしまいます。**そして、それを営業部門に指摘されれば、マーケティング活動は役立たずの烙印を押されてしまうでしょう。この点は忘れずに。

第3章

マーケティングオートメーション導入で実現する新しい世界

- アカウントベースドマーケティング（ABM）の潮流
- 全体最適を実現するために
- ハウスリストの価値を根底から問い直す

「インバウンドマーケティング」という考え方

アカウントベースドマーケティング（ABM）の潮流

今後、日本のＢ to Ｂマーケティングのキーワードになる言葉に**「アカウントベースドマーケティング（ABM：Account Based Marketing）」**があります。米国ではもともと存在していた概念ですが、この2〜3年でカンファレンスやマーケティング関連メディアなどで目にすることが多くなりました。再ブレークしたキーワードと言えるかもしれません。

ＡＢＭは自社の製品やサービスのターゲット市場を明確に定義し、その中で重点的にアプローチしたい企業を選び、その企業（**アカウント**）に対して、マーケティング、セールス、サポート、エンジニアリング、そして経営幹部までが協力して潜在ニーズや課題を察知し、全社が連携してアプローチする戦略的な手法です。社内にある、過去に交換した名刺、展示会、セミナー、ウェブでの資料請求、メールマガジン登録、経営者どうしの懇談会、ユーザー会などのマルチコンタクトポイントで収集された顧客データを統合し、あらゆるチャネルで顧客のニーズや課題をリサーチすることで、対象企業（**ターゲットアカウント**）に対して、しっかりと準備されたマーケティングとセールスを実施することが可能になります。

これは**IMC（Integrated Marketing Communication）**などと近い概念で、考え方としては新しいものではありません。しかし、概念としては存在しても、それを実現することはなかなかできませんでした。ＡＢＭを実現するためにどうしても必要なデータとコンテンツを統合するプラットフォームがなかったのです。そして、そのプラットフォームこそマーケティングオートメーションです。マーケティングオートメーションの登場と普及によってデータとコンテンツをハンドリングするデマンドセンターを構築することが可能となり、このデマンドセンターがコントロールタワーになってＡＢＭが実現できるようになったのです。

私は、日本のＢ toＢマーケティングが世界に追いつく起点はこのＡＢＭではないか、と考えています。その理由は、日本のビジネスカルチャーの特徴が**ボトムアップの意思決定**と、そのお作法である**稟議**だからです。欧米のトップダウンによる意思決定とは正反対です。私の会社のクライアントの場合でも、外資系企業で、米国本社のマーケティング担当者が来日したときのミーティングでは「今年度はＣクラスだけを狙ったマーケティングを展開したい」などと言われます。日本でＣクラスと言えば、役員か執行役員です。営業が最初に会える相手ではありませんし、会ったところで実際の製品選定には関与していないので、せいぜい担当者を紹介されるのがオチなのです。

ボトムアップが主流の日本では、その意思決定プロセスに最適化したマーケティングを設計しなければなりません、と力説するのですが、それはＡＢＭと非常に近い概念なのです。

日本でＡＢＭを実施するときの注意点

日本のＢ toＢマーケティングでデータマネジメントを実施するときは、企業と個人をひもづけて集団のスコアリングをする必要があります。「意思決定プロセスがボトムアップ」と説明した通り、日本企業は集団で情報を収集し、選択し、最後は稟議で決めます。そのために個人の関心だけでなく、**集団としての興味・関心**をウォッチし、測定して、その会社が何をしようとしてどういう課題を抱えているのかを知る必要があるのです。ですから日本でＡＢＭを実現するには、企業の業種、売上、社員数などの属性情報と、その企業に所属する、時には１００人を超える個人情報をひもづけ、長期間にわたってオンラインとオフラインのマルチコンタクトポイントでの行動を分析し、正しくスコアすることを求められます。

さらに必要となってくることは**企業の属性情報の活用**です。業種、売上、社員数などはもちろん、どの企業のグループ会社なのか、関連会社にはどんな会社があるのか、主要な取引先はどんな企業なのか、メインバンクはどこなのかといった情報も駆使しなければＡＢＭにはなりません。あるグローバル規模の保険代理店のマーケティング戦略は、世界中のどこかの関連会社で自社と取引がある日本企業を徹底的に攻略することでした。こうしたこともマーケティングオートメーションに企業情報を付与してスコアしなければとても実現できない高度な戦術です。

ウェブのアクセス解析の世界で「アトリビューション分析」という言葉があります。米国では２００６年頃から使われるようになった言葉で、ログ解析ツールの機能を駆使して「マルチチャネル」、つまり検索エンジンだけではなく、ＲＳＳやメールマガジン、ブログやＳＮＳなどあらゆるチャネルやメディアを「またいで」アクセスを分析し、どの経路や施策がコンバージョンへ貢献したのかを分析・評価する手法です。

実は、ＢtoＢマーケティングでは最初からアトリビューション分析をやっています。なぜなら、オンラインだけでなく、リアルの商談や、展示会来場、セミナー参加、過去の取引実績なども含めた総合的（ホリスティック）なデータマネジメントと分析がＡＢＭには必要だからです。

さらにボトムアップ型意思決定の特徴として、案件のリードタイムが欧米と比較して３～４倍かかることがあげられます。案件化してから受注までが平均６か月から18か月、車載用の部品などになれば３年も５年もかかります。当然それだけの長期間になれば、部署異動や移転、組織変更や部署の名称変更もあります。それでもターゲット企業のデータを洗練された状態に保ちながらマーケティングを展開し、戦略的なアプローチ「ＡＢＭ」を可能にするのが、マーケティングオートメーションを基盤としたデマンドセンターなのです。

全体最適を実現するために

2015年に米国テネシー州のナッシュビルでシリウスディシジョンズが開催した「Summit」というカンファレンスで最も多く使われたキーワードは**「Alignment（全体最適）」**でした。「つなぐ」「一直線に並べる」という意味をもつこの言葉が、BtoBマーケティング&セールスの分野で世界最大級のカンファレンスでキーワードになったということは、それほど企業の中で**「製品開発」「マーケティング」「セールス」がつながっていない**ということなのです。

では日本はどうかと言えば、そこからさらに周回遅れの状態です。「製品開発」や「セールス」どころか「マーケティング」の中でさえつながっていないのですから。展示会、セミナー、ウェブ、メールマガジン、カタログ、そしてテレマーケティングなどを別々の部門が主管し、別の予算で実施しています。その様子はまるでパッチワークのような「つぎはぎ」だらけで、それぞれの活動にシナジー（相乗効果）も一貫性もありません。そして、つながっていないために、売上に貢献しているのかいないのか誰にもさっぱりわからないのです。

分断されたプロセスは自己目的化する

景気が良いときのマーケティング活動は、つながっていない「部分最適」でも評価されます。マーケティングがつながって機能していようがいまいが、受注できるからです。その結果、「展示会」でセンスの良いブースを作ってほめてもらえれば、「セミナー」を満席にすれば、「テレマーケティング」でアポイントをたくさんとれれば、「ウェブ」のページビューという曖昧なアクセスを増やせば、「メディア」の取材や掲載記事を増やせば、それだけで充分に評価してもらえるのです。

でも、いったん不景気になればそうはいきません。売上への貢献を実証できなければ予算を削られ、部門は解散になります。本来、こうしたマーケティング活動の各プロセスは売上を上げることを目的とした「手段」ですから、後工程とつながって当たり前なのです。ところが、それぞれ専門性が高く、工数がかかるうえに、実はなかなか面白く、やり甲斐もある業務なので、ついつい担当者の中で手段が目的化してしまうのです。いったん目的化したプロセスはそれだけで完結してしまい、その後につながりません。その結果、展示会予算は削減され、社内のデータ統合もできず、リード情報をほとんどもたない状態のまま、新しいミッションとしてマーケティングオートメーションの導入を計画している企業が多いのです。これでは導入しても役に立たないことは明白です。そもそも登録するリードデータがほとんどないのですから。

こういうつながっていない企業の場合、今度は「マーケティングオートメーションの導入」が目的になってしまい、担当チームのオモチャにはなっても、案件の創出、営業部門や販売代理店の支援に貢献することはありません。繰り返しますが、**マーケティングオートメーションを導入するということは、それをプラットフォームとしたデマンドセンターを創る**ということなのです。

デマンドセンターは組織を横断する横糸として機能する

デマンドセンターは営業や販売代理店に案件を供給することをミッションとしているので、その運用はどうしても組織を横断したものになります。マーケティングオートメーションに登録して管理するリードデータの多くは社内に散在しています。展示会出展を担当しているのが広報であれば、収集した名刺やアンケートのデータは広報が管理しているのが普通です。マーケティングオートメーション内の企業情報に購買履歴を加えたいなら、その情報は勘定系の基幹システムの中ですから情報システム部門の管理下かもしれません。セミナーが事業部ごとの主催であれば参加者リストは事業部のセミナー担当者のPCの中にありますし、ウェブの主管がマーケティング部門であれば、ウェブからの資料請求やメールマガジンの登録リストをもっているでしょう。名刺は個人で管理しているはずですから、営業、技術、サポートなど部門ごとに収集してデジタル化しなければ登録することはできません。こうして社内のリードデータを統合するだけで蜂の巣をひっくり返したような大騒ぎになることも珍しくないのです。

コンテンツも同じです。詳細な製品情報や製品の写真データは製品事業部や研究開発、設計部門などがもっていることが多く、メーカーであれば設計者がいますから、その人に話を聞かなければ製品のなりたちや特徴を深く知ることはできません。導入事例は営業や販売代理店しかわかりませんし、リストの中から競合を排除しようにも、競合リストを作成することができるのは多くの場合、営業部門です。

さらに、スコアをする基準はマーケティング部門が勝手に定義した「有望」では判断できません。営業が訪問したいリストを作らなければ、結局フォローしてもらえずにムダになってしまいますから、どんなリストがほしいかを営業現場にヒアリングしなければなりません。

もしデマンドセンターで絞り込んだ「MQL」と呼ばれるリストに電話をかけるインサイドセールスチームがあるなら、そこからの

図3-1 社内に散在するリードデータ

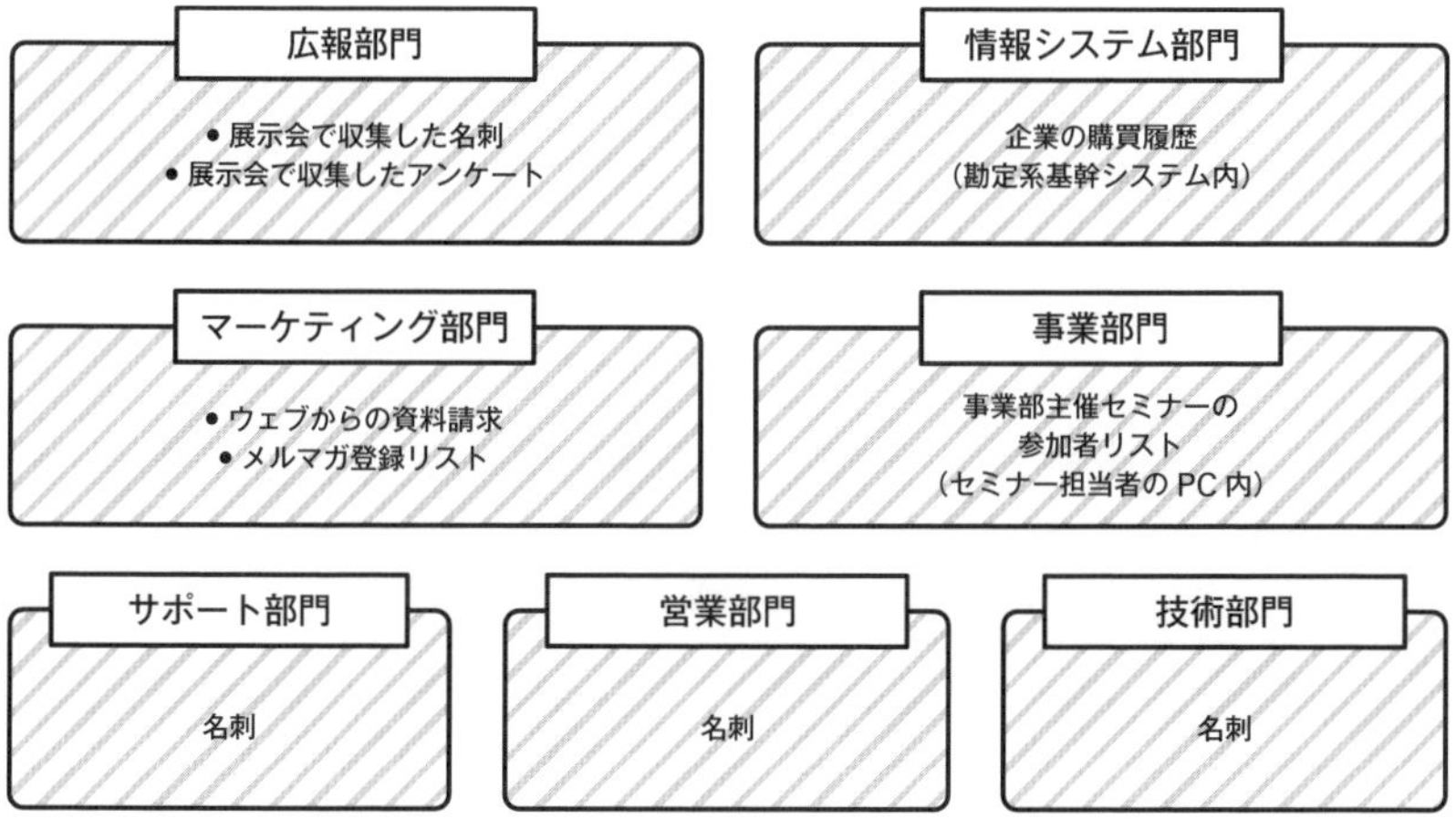

フィードバックはコンテンツマネジメントやスコアリングの修正に最も重要な情報になります。ですから**デマンドセンターは組織を横断する横糸にならなければなりません。**私は、小規模のテストマーケティングであっても、「最初から組織横断の全社プロジェクトとして位置付けてもらわないとマーケティングオートメーションに対する投資がムダになってしまいます」といつもアドバイスしています。

第1章で説明した通り、米国でも2000年代初頭に、この部分最適が問題になり、最初の**全体最適の波**が来ました。データ収集（リードジェネレーション）、管理と啓蒙・育成（リードナーチャリング）、絞り込み（リードクオリフィケーション）というプロセスが、デマンドジェネレーションとして統合されたのです。そして、その波が15年後の今、日本で大きなうねりを起こそうとしているのです。

日本企業のマーケティングがしっかりつながったその先にあるのが、後工程のセールスとつなぐことであり、前工程の製品開発とつなぐことです。これらがしっかりつながった企業こそがグローバルスタンダードの基準で「強い企業」なのです。

ハウスリストの価値を根底から問い直す「インバウンドマーケティング」という考え方

ＢtoＢマーケティングは、**データベースマーケティングから派生した**と言えるほど深い関係にあります。データベースマーケティングはデータがなければ始まりません。ですからまずリードデータを収集するリードジェネレーションがあり、リードデータの集積に対してナーチャリング、スコアリングするという流れがオーソドックスなものでした。収集したデータはその会社独自のリードデータという意味で「**ハウスリスト**」と呼ばれます。このハウスリストがＢtoＢマーケティングの要《かなめ》であることは疑う余地はありませんでした。

ところが２０００年代に入って、この「ハウスリストを対象にナーチャリングし、スコアする」という手法を根底から変える新しい概念が米国東海岸から出てきました。それが「**インバウンドマーケティング**」です。

２００６年にハブスポット社を創業したブライアン・ハリガンとダァメッシュ・シャアが２００９年に上梓したベストセラー『Inbound Marketing』で提唱した同名の手法は「ハウスリストを必要としないマーケティング」でした。インバウンドマーケティングという概念が出てきたときに、コンテンツ活用などの側面だけを見て「旧来の考え方と何も変わらないではないか」と言う人がいましたが、ＢtoＢマーケティングの全体設計から見れば「**ハウスリストをもたない」というのは革命的に新しい考え方**なのです。

「リードデータ」の概念を拡張する

BtoBマーケティングの場合、ハウスリストを構成するリードデータの定義は、**企業名と、その企業にひもづいた個人名（メールや電話でコンタクト可能）**でした。これに照らせばRSSやSNSでのフォロワー、ブログの読者などは、明らかに従来のリードデータではありません。メルマガは多くの場合、登録フォームでメールアドレスと名前だけを必須項目にしています。所属する企業も、ダイヤルインの電話番号もわからないので、これも従来のリードデータの要素を満たしたものではありません。

従来のマーケティング手法はリードジェネレーションに膨大なコストと時間をかけていました。特に米国では個人情報の売買が合法なので、リードジェネレーションに「リスト購入」という項目があり、ここに多くの予算を割いていました。高く仕入れればそのコストを早く回収したくなるものです。その結果、焼き畑式のヘビーローテーションやステップメールが横行し、強引なコールドコール（ニーズに関わらず一方的に電話をかけるテレマーケティング）でクレームを発生させていました。

こうした**「顧客に喜ばれない手法」**に対するアンチテーゼとして、新しい概念が誕生したのです。インバウンドマーケティングはハウスリストをもたず、インターネットにアクセスできる人すべてをリードと考え、その中からニーズが顕在化した人に「見つけてもらうこと」を目指すという考え方と、それを実現するためのツール（HubSpot等）で成り立っています。

注目が集まるビジネスSNSのユーザーデータ

2015年に開催された「B to Bデジタルマーケター養成講座」（日経デジタルマーケティング主催）で一緒に講師をした株式会社東芝の荒井孝文氏は、同社の海外向けマーケティングで、ビジネスパーソンのためのSNS「LinkedIn」とHubSpotを組み合わせて、まさに「ハウスリストをもたない」インバウンドマーケティングを実現しており、日本企業が取り組むべきグローバルマーケティングのひとつの未来形を見せてくれました。

LinkedInは、本人の職歴や学歴、企業の中でどんな仕事をしてきたのか、その仕事ぶりは上司や同僚から見てどうだったのかというビジネスパーソンとしての個人の属性情報を濃密に備えたSNSです。これが「転職用のSNS」と揶揄《やゆ》された原因なのですが、この個人の属性情報を、マーケティングのリードデータとして活用できるなら途方もない潜在力をもっていると言えるでしょう。

LinkedInは前述のイベント「Summit」にもプラチナスポンサーとして参加しており、そこでマーケティングオートメーションとの連携機能である「Lead Accelerator」を紹介していました。

残念ながら2015年の時点では、日本国内のLinkedInのユーザー数は少なく、利用していても属性情報をきちんと入れていない人が多いのが現状ですが、日本独自の発達を遂げている「名刺管理ソリューション」がその代替になる可能性が出てきました。個性的なテレビCMですっかり有名になったSansan

社は、ＳＦＡなどのパートナーとのデータ連携を行うＡＰＩを発表し、「日本のLinkedInを目指す」と宣言しています。こうした「リードジェネレーションをしない」「ハウスリストをもたない」という潮流が、世界でも日本でも確実に存在しています。

課題は「法律との整合性」

この新しいマーケティングの今後のテーマは、日本の法令との整合性かもしれません。現状の個人情報保護法や特定電子メール法を参照すれば、個人情報の定義として、「数字の羅列であっても対応表で個人を特定できるものは個人情報」としていますから、メールアドレスはもちろん、個人ＩＤも規制対象になります。ＢtoＢマーケティングにも採用されつつあるＳＮＳやアドテクノロジーとの連携において、こうした法律との整合性をどう確保できるのかを注意深く見なければなりません。

ただ、法律との整合性を横に置けば、**確かにハウスリストは不経済です。**そもそも収集に莫大なコストと時間がかかり、その保有にはリスクが伴います。漏洩事故が起きれば、それがハッキングや窃盗の被害であっても加害者として謝罪することになります。さらに日本は非常に厳しい個人情報関連の法律がありますから、法令を遵守できる状態でデータを管理することにもコストがかかります。さらに個人情報はある種の「生もの」で、部署異動、転・退職、社名変更、合併、買収、倒産などの理由で毎年減衰します。

ハウスリストの収集と維持・管理に膨大な時間とコストをかけている企業にとっては、ハウスリストをもたないマーケティングというのはひとつの選択肢としてとても魅力的です。しかし、この革命的なマーケティングがどの企業でも使えるわけではありません。

まずターゲットとなる人がウェブのサーチエンジンを使って検索してくれないことには話が始まりません。日本のビジネスパーソンには、メールやグループウェアは利用するが、それほどウェブで検索しないという人は少なくありません。さらにどこかのタイミングで身分を明かしてもらわなければアプローチできません。メルマガ登録、資料請求、オンラインセミナーの参加申し込み、チャットなどの活用場面で、正確にユーザー登録をしてくれなければ、いつまでも「アノニマス」と呼ばれる正体不明のフォロワーのままなのです。たとえIPアドレスで企業を特定できても、中堅以上の企業規模であれば個人が特定できなければアポイントのとりようがないので、売上に貢献できません。

製造業は日本でも欧米でも、極めて機密情報管理が進んでいます。素材や部品を評価するために商社にサンプルを発注する場合でも、何に使うのか、いつ発売されるどのモデルのどこに使うのか、という情報は一切出してくれないことが普通です。もちろんこうした企業の人たちはウェブでも自分の身分を明かさない傾向があります。

ピュアオンラインでマーケティングを設計するということは、オンラインで獲得できる情報だけで勝負するということなのです。

ハウスリストは本当に必要ないのか？

ここで、ひとつ事例を紹介しましょう。これは弊社が数年前に実際に手掛けた例です。マーケティングを担当した電子部品は携帯電話に組み込まれるもので、そうした部品の選定は、基本的にアセンブリーメーカー（ティア－1）か部品メーカー（ティア－2）の設計部門が行います。当時、日本で携帯電話を製造しているメーカーは10社もありませんでしたから、ターゲットの企業数で見ればとてもニッチな市場です。しかし、そうしたメーカーで設計や生産技術に関わっているエンジニアの数は、国内だけで約1万5000～1万8000人と言われていました。もちろんその中で、その会社の電子部品に関する情報を必要としている人がどの企業の誰なのかを外部から知る術はありません。彼らは厳重なファイアウオールの中にいて、取引業者にすら開発計画の内容は絶対に漏らさないのです。ウェブで検索はしてくれますが、ユーザー登録はしてくれません。

ですから我々は、このエンジニア集団のできるだけ多くの人に最新の情報を渡し続けるコミュニケーションインフラを構築しなければなりませんでした。そのために、毎年多くの展示会、共催セミナーなどで名刺ベースのリードデータを収集する手法を選択しました。メールマガジンを起点としたマーケティングとそのスコアをもとにインサイドセールスでニーズを確認したうえでアポイントを取得し、営業に訪問してもらう、というオーソドックスな手法は新規案件の発掘に非常に大きな成果を上げました。

そもそも多くの日本企業の社内には、過去の展示会やセミナー、ウェブからの資料請求などで収集した膨大なハウスリストが活用されないまま存在しています。さらに営業のデスクの中で眠っている大量の名刺などを加えれば、数万人から時には10万人を超えるリードデータをすでに保有しているのです。こうした営業活動を続ける限り社内のリードデータは増え続けますから、安全な格納先はどうしても必要です。そして、**日本企業の現在の主要な経営テーマのひとつは、社内に散在し、事業部や部署ごとにサイロ状に抱え込んでいる顧客・見込み客情報の統合と可視化、そして活用なのです。**

日本企業のマーケティング担当者は既存のハウスリストを活用するオーソドックスな手法と、インターネットを起点とする新しいマーケティングの両方を学び、組み合わせて自社にとってのベストプラクティスを見つけ、構築しなければなりません。新しい技術や手法やチャネルが出てくるたびに、それを学び、自社で使えるか使えないかを取捨選択しなければならない。そういう時代に我々は生きているのです。

第４章

導入に失敗しないために

- 「屍の山」を築かないために今やるべきこと
- 導入に失敗しないための７つのポイント

「屍の山」を築かないために今やるべきこと

マーケティングオートメーションという言葉が定着し、関連したセミナーやイベントが頻繁に開催されるようになり、どこも満員御礼の状態が続いています。ＢtoＢマーケティングに長く携わってきた者としては本当にうれしいことです。しかしその半面、このまま日本にマーケティングオートメーションが普及しても、「きちんと運用して成果が出せる企業がどのくらいあるのだろうか」と考えると心配は尽きません。

私の願いは、**「ＭＡの屍《しかばね》の山」**を作らないことです。「屍の山」とは、導入の失敗事例のことです。このまま行くと早晩日本では、マーケティングオートメーション導入の失敗事例が量産されそうな勢いなのです。そしてこれは、20年前の**ＣＲＭブーム**、10年前の**ＳＦＡブーム**のときと状況が酷似しています。

２００６年当時、私はコラムを連載していたウェブメディア「japan.internet.com」に次のような文章を書きました。これを書いた当時は第二世代のＳＦＡであるSiebelやVantive、Pivotalなどが衰退し、代わりに「ソフトウェアオンデマンド」という新しい概念を引っさげてセールスフォース・ドットコムを筆頭にした第三世代のＳＦＡが台頭してきた頃で、日本でも普及する兆しが見えました。でも私には、それらを導入する企業側に運用できる体制ができているとは思えませんでした。その危惧を、ＳＦＡをジェット戦闘機に見立てて書いたコラムです。

〈オブジェになる運命は最初から決まっていた〉

私は時々ＳＦＡやＣＲＭなどの最先端のマーケティング・ソリューションをジェット戦闘機に例えて話すことがある。

Ｆ‐15イーグルというアメリカ製の戦闘機は長い間世界最強の戦闘機だと言われてきた。日本を含めた多くの国がこれを主力戦闘機として導入しており、その価格は1機約40億〜１００億円である。

性能比較してみるとこれがいかに優れた兵器かがわかる。スピードや運動性能はもちろん、スマートな戦闘機のくせに拡張性が高く、ちょっと改良して爆弾の搭載能力を高めると、「ストライク・イーグル」という名の爆撃機になったりするので、使い方によっては1機で数個大隊にも匹敵する力を持っている。

しかし、当然のことだがどこの国でも持てるわけではない。

もしある小国の大統領がこの戦闘機の性能に魅了されて数十億円を投資して発注したとする。戦闘機は納期どおりに納品されるだろうし、メーカーからは多くのエンジニアがやってきてチューニングや試運転、動作確認をするだろう。全てのチェックが完了すると彼らは検収印が押された納品控えを手に帰っていく。

後に請求書を残して・・・。

しかし、その国にはこの戦闘機を整備できるエンジニアがいない。

この高速ジェット戦闘機を管制できるレーダーシステムも持っていないし、航空戦を指揮できる参謀もいなければ、そもそもこれを飛ばせるパイロットがいない・・・。

かくして世界最強のF-15イーグルは大統領官邸の庭に飾られることになる。数十億円のオブジェとして・・・。

(japan.internet.com 掲載「F-15イーグルとマーケティング・ソリューション」より引用)

この比喩は果たして大げさだったでしょうか。もちろん私の懸念などとは無関係に普及は進み、そして予想通り、本当に多くの企業がSFAに多額の投資をし、数か月から数年にわたってなんとか運用に乗せようと苦しみ続けた末に、その活用を断念しました。使っている企業も、「営業の生産性を飛躍的に向上させる」「営業工程のムダをなくすために、営業を情報武装する」という当初の目的をどこかにしまいこんで、細々とメール配信やスケジューラーや日報の代わりに使ってお茶を濁しています。

このまま行くと、マーケティングオートメーションはこれより悲惨な状況になると私は見ています。その理由は、CRMやSFAにくらべてマーケティングオートメーションのほうがはるかに運用の難度が高いからです。

導入を検討している企業への提言

マーケティングやセールスに限らず、新しいソリューションの導入に欠かせない要素は**「人」**と**「道具」**だと言われています。この「人」とは「ノウハウ・経験をもった人」という意味で、そのノウハウはツール操作のノウハウではなく、それを使って実現しようとする業務、マーケティングオートメーションの場合は「デマンドジェネレーション」のノウハウです。あれほど導入の失敗事例を量産したSFAでも、実はこの「ノウハウをもった人」はいたのです。

SFAの役割は営業案件の管理です。どの会社にも存在する営業部長の仕事は営業案件の管理なのです。経営会議で「次のクォーターの見込みはどれくらいですか」と質問されて、もし答えられなかったら営業部長は務まりません。紙のノートであれ、ホワイトボードであれ、エクセルであれ、なんらかのツールを駆使して進行中の案件の管理を行っていれば、データをSFAに載せ替えるだけで案件管理として運用できます。しかし、マーケティングオートメーションを活用した「デマンドジェネレーション」のノウハウや経験をもった人材」がいる企業は日本には非常に少ないのが現状です。

では、日本でマーケティングオートメーションの屍の山を築かないために何をしたらよいでしょうか。

導入を検討している企業は、まず**自社のデマンドジェネレーションを設計できる人材を内外から確保すること**です。誰でも車を購入する前には、教習所に通って学科と実技を学んで運転免許を取得するはずです。それとまったく同じことなのです。

日本企業にいま最も必要なのは、自社の製品やサービスの**マーケティングの基本設計ができる人材**です。自社の製品やサービスの市場を細分化し、その中から勝てる土俵（ターゲットセグメント）を定義して、そのターゲットのリードデータをいかに収集するかの手法や目標、適正コストを定め、収集したリードのデータマネジメント、ナーチャリング、スコア変数の選定とスコアリング、企業属性情報とのクロス分析、インサイドセールスでのスクリプト作成やオペレーション、営業部門や販売代理店へのリードの渡し方と、フィードバックのもらい方、そのＫＰＩ設定とベンチマークなどをしっかり編み込んだ基本設計がなければマーケティングオートメーションをベースにしたデマンドセンターは構築できませんし、そもそも自社が構築するデマンドジェネレーションを実現できるツールを選定することすらできないのです。

導入に失敗しないための7つのポイント

日本企業が世界で戦うために必ず必要になるツールがマーケティングオートメーションです。しかし、つい最近まで日本には存在しないツールだったことからいくつかの誤解があるようです。導入で失敗しないために、事前にしっかり考慮すべき7つのポイントを解説します。

1 オートメーション（自動化）という言葉に惑わされない

「オートメーション」という言葉から、その直訳である「自動化」と勘違いされることが多いのですが、**BtoBマーケティングで自動化できる部分はそれほど多くありません。**定例化しているセミナーなどであれば、「シナリオ設計」と呼ばれる機能を使い、「告知&集客メール配信」「受付フォーム」「リマインドメール配信」「当日のアンケート」「参加お礼メール配信」などは定型化して、ツールの画面上で要素をつないでいくことで簡単にイベント設計ができます。そのデモを見れば、あまりに便利で驚くかもしれません。

しかし、各メールやフォームは誰かが作成しセットしなければなりません。場所や地図、日時などの差し替えが必要な部分は調整し、複数人で確認したうえでセットしてスタートします。今でもある程度テンプレート化しているとすれば、あまり仕事は減らないかもしれません。

このシナリオ設計の機能について、私は「マーケティングのノウハウがたまって、マーケティングオートメーションに慣れてきたら使いましょう」とクライアントに説明することが多いのです。米国生まれのツールらしいこの機能は、**「ループ型のステップメール」**という最も企業ブランドを傷つけるスパムメールを量産することになり、営業の足を引っ張る結果になることが多いからです。

マーケティングオートメーションの導入で、マーケティングの自動化やマーケティングに関わる人の工数削減を期待しているとしたら大きく失望するかもしれません。これは同じオートメーションという言葉を含む「ＳＦＡ（セールスフォースオートメーション）」が、やはり「営業活動の多くの部分を自動化し、営業部門の人員を削減しても売上を伸ばせる」と誤解されて、導入企業を失望させたのと同じことです。

2　道具がマーケティングをするわけではない

私もそうですが、文章を書くときにワープロソフトを使う人は多いと思います。文字数や誤字・脱字のチェックができて変更履歴も残せるため、編集作業がとても便利になります。しかし、どんなワープロソフトを使っても、「基本的に文章がうまくない」「目の前の状況をどう描写したらよいかわからない」「ボキャブラリーや比喩が貧しくて適当な表現が見つからない」という問題は解決してくれません。

マーケティングオートメーションもこれと同じです。企業のマーケティングプラットフォームとしてデマンドジェネレーションを支援してはくれますが、あくまでもツールですから**勝手に成果の上がるマーケ**

ティングをやってくれるわけではありません。

しっかりしたスキルとノウハウをもった人間が使うから、ツールを使いこなして成果を上げることができるのです。これは大工さんが使うツールでも、精密部品の加工に使うツールでも同じことです。使う人がBtoBマーケティングのしっかりとしたノウハウをもっていなければ、マーケティングオートメーションを使って成果を上げることなど不可能なのです。

3　情報システム部門ではなく、マーケティング・営業部門が導入する

私の経験では、SFAもMAも**情報システム部門が導入を主管したケースが最も稼働しません。**これは情報システム部門が悪いという意味ではなく、私の知る限り多くの企業の情報システム部門は、物理的にも心情的にも営業現場から最も遠いところにいるからです。普段交流がない部門どうしで、ある意味、営業の仕事を増やすことになるマーケティングオートメーションや、営業の行動を監視するSFAを導入するのは不可能に近いのです。

そもそも、営業部門のセールスも、情報システム部門のエンジニアも、お互いに相手を異生物と認識していますから、導入に必要にして十分な量と質のコミュニケーションがとれることはまずありません。情報システム部門が主催する「営業に要望を聞く会議」に何度も参加していますが、営業からは要望どころか意見も質問も出ません。それなのに、いざ彼らにアクセス権を与えて運用がスタートすると、ありえな

いほどのクレームや質問や要望がきて、てんてこ舞いになった経験は一度や二度ではありません。コミュニケーションが絶対的に足りなかったのです。

その結果、本来は営業がほしいリストを絞り込む「スコアリング」に必要な属性情報の付与や、ウェブ上の行動ログの保管期間などがまったくニーズと合わず、役に立たないマーケティングオートメーションを作り出してしまう結果になります。特にマーケティングオートメーションに関して言えば、導入前より導入後のほうが営業とのコミュニケーションが多くなります。**主管はより営業に近いマーケティング部門にするべき**だと私は考えています。

4 自社のコンプライアンスをチェックする

マーケティングオートメーションの導入で後回しにされがちなのが**自社のコンプライアンスとの整合性のチェック**です。2015年現在、日本で利用できるマーケティングオートメーションの多くはクラウドで提供されています。これは世界のどこにあるかわからないクラウド上のサーバに自社の顧客・見込み客の個人情報を大量に置くということなのです。

私は、マーケティングオートメーションの導入が決まり、契約した後になって自社のコンプライアンスの解釈をめぐって法務部門と導入主管部門が対立し、データの登録ができない、課金が始まっているのに運用ができない、という喜劇のような悲劇をいくつも見ています。

企業の法務部門は企業を「守ること」だけを考える部門ですから、リスクがあれば慎重になる傾向が強くなるものです。その結果、法律よりもさらに厳しい保守的な社内ルールを決めてしまい、後になってそのルールに縛られてマーケティングもセールスも動きがとれない、という例が今あちこちで起きています。マーケティングオートメーションの導入にあたっては、経営企画部門などに間に入ってもらい、法務部門としっかり確認することが大事です。

5　最初に求める成果を決める

デマンドジェネレーションは、「どのレベルの**有望見込み客**（MQL：Marketing Qualified Lead）を何件営業に渡し、そこから何件の**案件**（SAL：Sales Accepted Lead）を創出するのか」という目標を設定しておかなければ効果測定すらできません。

「まずはメール配信から始めますから、売上への貢献は後から考えます」というマーケティングオートメーションの導入事例を見かけますが、そういう企業は何年たってもメール配信にしか使えないですし、メール配信だけならば、国産でも安価で素晴らしいソリューションがいくらでもあります。導入は段階的に進めるにしても、

「6か月で社内に分散している顧客・見込み客データを統合して分析や可視化できる状態にする」

「6か月たったら試験的にいくつかの部門にリードを渡して、コールや訪問の結果をフィードバックしてもらう」

「12か月後にはデマンドセンターを正式に発足し、社内説明会を開催する」

など年間の計画を立てておくとよいでしょう。最初にこうしたプランがないと、あっという間に1年たってしまい、結局ムダな投資を繰り返すことになります。

6 価格で決めない

業務アプリケーションの導入を経験した方ならわかると思いますが、実はマーケティングオートメーションはそもそも安いのです。「最初のMA」と言われるEloquaが製品発表したのが2000年ですから、クラウドの時代に生まれたソリューションなのです。しかもSFAのように、社内のユーザー数が数百〜数千人になることなどありえません。どのツールを選んでも、ひと昔前のERPやCRMのように2桁億円レベルの投資などはありえないのです。

ですから、**マーケティングオートメーションの選定で価格を重視するのは賢いとは言えません。**それよりも、せっかく操作を覚えた頃に、選んだツールでは自社が考えていたマーケティングを実現できないことに気がついて、1〜2年でリプレースするというムダを避けるほうが賢明です。

7 「とりあえず」で導入しない

「とりあえず導入して、使い方は後で考える」

いかにも日本企業的な考え方ですが、残念ながらそんな風に導入されたSFAやMAで、まともに役に立った例を私は見たことがありません。

どのターゲット市場のどんな課題に応えるのか？
どの製品やサービスをどうマーケティングするのか？
そのリードデータはどういう手段でいつまでにどのくらい収集するのか？
何をキーにして、どういう手順で名寄せや競合排除を行うのか？
企業情報にはどんな属性情報を付与するのか？
どんなコンテンツでナーチャリングし、それを誰が制作するのか？
どのチャネルを使い、どんな頻度でコミュニケーションするのか？
反応をどういう配分でスコアリングするのか？
ハイスコアリストに対して、どうやってニーズの深さを確認するのか？

ニーズを確認できたリストをどういう手段で営業部門に渡すのか？

そこから何件案件化したのかを、どうやって捕捉するのか？

これらにすべて答えを与えるのがマーケティングの基本設計です。これを設計してから、マーケティングを実現できるプラットフォームとしてマーケティングオートメーションを選ばなければ、決して売上には貢献しないものです。

もし、「なんとなく流行っているから」「競合も入れたようなので」「海外拠点がうるさく催促するので」などの理由があったとしても、**「とりあえずの導入」であるなら中止して、基本設計から行うべき**だと思います。

最初に書いた通り、「何をやるべきなのかを明確に定義した戦略」と「ミッションにふさわしい質（スキル）と量（人的リソース）をもった組織」と「戦略や組織に最適なシステム」が一体でなければ高度なマーケティングであるデマンドジェネレーションは実現できないのです。

第 5 章

主要ツールベンダー 7 社に聞く、自社製品の特徴

- マーケティングオートメーションの主な機能
- Oracle Cross-Channel Marketing Platform（日本オラクル）
- Marketo（マルケト）
- Silverpop Engage（日本 IBM）
- Adobe Campaign（アドビ システムズ）
- Salesforce Pardot（セールスフォース・ドットコム）
- Microsoft Dynamics Marketing（日本マイクロソフト）
- HubSpot（HubSpot Inc.）

マーケティングオートメーションの主な機能

マーケティングオートメーションは現在、多くのベンダーがさまざまな製品を提供しています。本章では、そのうち主要なツールベンダー7社の製品を取り上げ、各社の担当者に取材し、ツールのなりたちや強み、特徴をまとめました。

以下の表では、マーケティングオートメーションのツールが備えている多様な機能の中から代表的なものを列挙しています。詳細なスペック（仕様）や機能は各社のウェブサイトで公開されているので、最新の詳細情報はそちらを参考にしてください。

表 5-1 マーケティングオートメーションの主な機能

機能	概要
データマネジメント	リードデータ（見込み客データ）の情報を統合管理する機能。
キャンペーン	あらかじめ決められたシナリオにもとづき、オンラインでのマーケティングを実行・管理する機能。
スコアリング	属性情報やオンラインでの行動などの情報を掛け合わせて「点付け」をし、有望見込み客を絞り込む機能。
Eメール配信	HTML メールを主としたメール制作・配信機能。
ウェブ行動解析	ウェブ上の個人の行動を解析するための機能。
ランディングページ作成	ランディングページ（LP）の制作やフォームの設定をする機能。
SNS 連携	ソーシャルメディアと連携したマーケティングを行うための機能。
CRM ／ SFA 連携	マーケティング活動と営業活動を連携するための機能。
レポート	実行したマーケティングをさまざまな角度で可視化・評価し、PDCA をまわすための機能。

File 01

企業名	**日本オラクル株式会社**
製品名	**Oracle Cross-Channel Marketing Platform（旧 Eloqua）**
URL	Oracle Cross-Channel Marketing Platform https://www.oracle.com/jp/marketingcloud/index.html

取材協力

日本オラクル株式会社
オラクルマーケティング
クラウド本部
シニアソリューション
コンサルタント
中嶋祐一氏

日本オラクル株式会社
オラクルマーケティング
クラウド本部
マーケティングマネージャー
横大路牧子氏

※ 2015年7月現在の情報です。

なりたち

マーケティングオートメーションの歴史は、Eloquaから始まったと言えます。Eloqua（エロクア）社は、1999年にカナダのトロントにて、スティーブン・ウッズ（Steven Woods）らによって創業され、当初はウェブ分析とEメール、Liveチャットを組み合わせることで、見込顧客のウェブ上のプロファイルを集め、その情報をもとに自動化キャンペーンを行うソフトウェアとしてビジネスをスタートしました。その後、SFAの前段階であるマーケティングオートメーションとしての機能を拡張していきました。

エロクアは、北米からビジネスを拡大してグローバルに展開していき、2012年8月には、MAソリューションベンダーとしてはじめて米国ナスダックへの上場を果たしました。同年12月にオラクルに買収され、現在はEloquaから「Oracle Cross-Channel Marketing

Platform」と名称を変更し、「Oracle Marketing Cloud（OMC）の中心プロダクトとして位置付けられています。

製品概要

Oracle Cross-Channel Marketing Platformは、イベント、セミナーや広告などで取得した多数のリードから、営業に有望な見込顧客として情報を渡すまでのプロセスを自動化するマーケティングオートメーションの仕組みです。「デジタル・ボディランゲージ」と呼ばれる見込顧客のオンライン上の行動とプロファイル情報でスコアリングし、興味のある内容をパーソナライズして提供していくことで、自社製品への関心と理解を高めてもらい、最終的にSFAの仕組みと連動して営業担当が案件商談を効率的に進めることを支援し、クロージングに貢献。さらに、購入後の顧客との関係を維持しながらクロスセル・アップセルに結び付ける仕組みも提供します。

製品の特徴

1　シンプルでわかりやすいキャンペーン設定

直感的、かつ簡単なユーザーインターフェースで、キャンペーンの設定を行うことができます。キャンペーンを行う場合は、どのターゲットにどのタイミングで、どのメッセージを、どのメディアやチャネルを使って訴求するかという設定を行いますが、Oracle Cross-Channel Marketing Platformでは「Campaign Canvas」というひとつのGUIの画面の中で自由にデザインすることができます。たとえば、あるコンテンツをダウンロードした、セミナーに申し込みをした、という行動から、どのようにシナリオを分岐させるかを、ドラッグ&ドロップで視覚的に設定できるので、全体のフローがとてもわかりやすくなります。

2　堅牢なセキュリティ

「ロール」という利用者管理の設定を、地域、部門、役職などで設定できることも強みのひとつです。管理者とユーザーで厳格にセキュリティ権限を分離するだけでなく、キャンペーン別、コンテンツ別（メール、ランディングページ、フォーム）、部署別、担当別に操作・閲覧権限を分けることができます。たとえば、あるキャンペーン情報をオーストラリアの特定部門だけにしか見せたくない場合、ほかの地域や部門はこの情報を閲覧できないように設定することができます。このロールの設定は、グローバルで展開している企業や、各部門で役割や権限が異なる企業にとっては必要不可欠な機能です。

また、データの暗号化や、オラクル社自身がデータセンターを管理しているため、厳重なセキュリティ環境が整っています。全世界で1日当り約130億もの大量のトランザクションを安定的に処理することが可能です。

3　Oracle Marketing Cloudでカスタマーエクスペリエンスを提供

Oracle Cross-Channel Marketing Platformと外部のアプリケーションを連携させることができる「AppCloud」という仕組みで接続されたアプリが、現在グローバルで300以上あり、外部システムとの連携が簡単にできるようになっています。

また、オラクル製品との連携にも注力しています。Oracle Marketing Cloud は、Oracle Cross-Channel Marketing Platformと、コンテンツマーケティング、ソーシャルマーケティング、データマネジメントプラットフォームといったマーケティングに関わるソリューションを連携し、統合されたカスタマーエクスペリエンスを提供しています。企業がお客様とコミュニケーションを行う場合、オンラインのメディアもあれば、リアルの店舗、コールセンターなどさまざまです。データベースのオラクル社だからこそ、各ソリューションのバックボーンとなるデータを集約し、トータルソリューションとして提供することが可能となります。

ユーザーコミュニティ／サポート

サポートサービスとして、Oracle Cross-Channel Marketing Platformを活用するための有償無償含めさまざまな「運用支援サービス」があります。グローバルの各拠点に導入を支援するコンサルタントがおり、製造、金融など業種ごとのエキスパートがいてサポートしています。導入後は製品のトレーニング、製品トラブルなどへのサポート、モダンマーケティングのエキスパートによる助言サービスなど、導入企業の成功を異なる視点からサポートする体制が整っています。

オンラインでは、２０１０年にEloqua発祥のコミュニティ「Topliners」が発足しました。企業の「top-line revenue（収益）」を増加させ、キャリアにおける成功を収める、という意味が込められています。オープンなコミュニティサイトで、ユーザーどうしでＭＡの最新ナレッジを収集できます。現在、２万３０００以上のコミュニティメンバーと、４万５０００以上のコンテンツが掲載されており、Oracle Cross-Channel Marketing Platformだけでなく、Oracle Marketing Cloud全体のコミュニティとして活用されています。

導入実績

グローバルで、エンタープライズを中心に製造、金融、サービス、通信など幅広い業種に導入されています。

成功事例

企業名：サーモフィッシャーサイエンティフィック株式会社
業　種：製造業
成　果：①メールのオプトイン率が55％増加

②ＲＯＩの可視化で売上が７・５％増加

ライフサイエンス分野をはじめとして、さまざまな分野のお客様にハイテク機器と関連製品でソリューションを提供するサーモフィッシャーサイエンティフィック社は、顧客向けの出版物のコスト高と、購読率の低下に課題を抱えていました。

そこで、Oracle Cross-Channel Marketing Platformを導入し、デジタルマーケティングに取り組み始めました。読者層をプロファイリングして、よりターゲットに絞ったコンテンツを配信することで、メールのオプトイン率が55％増加しました。また、ＲＯＩを可視化できたことで、年間売上高の増加率が、競合他社の０〜２％と比較し、７・５％もアップしました。

File 02

企業名	**株式会社マルケト**
製品名	**Marketo**
URL	Marketo https://jp.marketo.com/

取材協力

株式会社マルケト
バイスプレジデント
戦略・ビジネス開発担当
小関貴志氏

株式会社マルケト
マーケティングマネージャー
清水真理氏

※ 2015年7月現在の情報です。

なりたち

Marketo（マルケト）社は、２００７年に現在のＣＥＯでもあるフィル・フェルナンデス（Phil Fernandez）により創業されました。彼はＣＲＭ大手のEpiphany出身で、操作性をとても重視し、機能をシンプルにして設計・開発したと言われています。Marketoは当初からマーケティングオートメーションとして設計されていますが、リードナーチャリングとスコアリングに重きを置いてスタートしているため、この部分が製品の根幹となっています。

２０１３年には、米国ナスダックに上場し、２０１４年に日本法人を設立しました。現在では39か国で事業を展開しています。

製品概要

Marketoは、同一プラットフォーム上でリードの獲得から営業につなぐまでのプロセスを可視化し、長期にわたって顧客との関係性を築き、その人に合ったメッセージを適切なタイミングで発信する「エンゲージメントマーケティング」の仕組みです。B to B、B to Cの区分けなく両ビジネスで必要な機能を網羅しています。

製品の特徴

1 マーケティング専業ベンダーならではのスピーディーさ

現在日本で展開されている主要なマーケティングオートメーションは、IT企業に吸収合併される中で成長しているものが多いのですが、マルケトは、「マーケティングオートメーション」の専業ベンダーとして成長しています。現在、グローバルで2か国にある開発拠点では、すべてのリソースをMarketoの開発に投入しています。そのため、バージョンアップも早く、日本からの要望や要求に対してもスピーディーな対応が可能です。

2 マーケターのかゆいところに手が届くソリューション

「本当に使う人が作ってるんじゃないか」と言われるほど、実際に使うマーケターのことを考えて作られたツールです。

たとえば、マーケティング活動のひとつであるセミナーを開催する場合、ランディングページ、申し込みページ、案内状やリマインド、お礼などのメールのテンプレートの作成はワンセットで必要です。

同じ内容のセミナーを10拠点で開催する場合、Marketoはこのワンセットを作成し、開催日、開催場所、講師など変更するものは「トークン」と呼ばれる管理画面で設定すれば、情報を一括置換したうえで複製することが可能です。このように派手ではないけれども、マーケターが効率よく快適に使える機能がそろっています。

3　豊富な連携ソリューション

エコシステム「LaunchPoint」で、グローバルで20業種400社以上のパートナー企業のソリューションと連携しています。すべての機能をMarketoにもたせるのではなく、たとえば、CMS、ウェブ解析ツールなど、お客様が必要な機能だけを連携して利用することができます。日本でもDM配信、BI、名刺管理、ビッグデータなど、連携パートナーを拡大しています。

ユーザーコミュニティ／サポート

技術的支援をするテクニカルサポートがあり、運用においては、グローバルで200社以上のパートナー企業がサポートしています。

コミュニティは、オフラインのユーザー会を定期的に開催しており、今後は分科会の開催も予定しています。オンラインでは、「nation.marketo.com」というコミュニティサイトがあり、翻訳したドキュメント、リリースノートなどの資料がまとめられている「docs」、新製品に対する要望やアイデアを投稿する「ideas（英語）」、そのほか、製品、サポート窓口などの情報も提供されています。

導入実績

グローバルで、39か国4000社で導入されています。日本でも国内企業、外資系企業など、120社の導入実績（2015年6月現在）があります。BtoB、BtoC、また業種、規模に関わらず幅広い企業に導入されています。

成功事例

企業名：パナソニックシステムコミュニケーションヨーロッパ
業　種：製造業
成　果：①全社売上に対するマーケティング部門の貢献度を10％から26％にアップ
②予算やリソースを追加せず、マーケティングキャンペーンの生産性を10倍に

ＰＢＸ（構内の電話交換器）やプリンターなどさまざまな製品を取り扱う、パナソニックシステムコミュニケーションヨーロッパ社。同社のマーケティングチームは、４６０もの製品、数千におよぶ販促品、22言語、６万ページ以上にもおよぶ72のウェブサイトのオペレーションの煩雑さに課題を抱えていました。

そこで、営業、マーケティングでバラバラに管理していた顧客データベースを統合し、既存チャネルのビジネス効率を下げることなく、マーケティング投資からの効果を得ることを目標にMarketoを導入しました。

選定のポイントは、プラットフォームの機能の充実だけでなく、マーケティングコンサルタントによる、奥深いマーケティングの専門性をもっていたこと。また、同社では、ＩＴ部門の助けを必要とすることなく、一般的なマーケティングマネージャーが使えるような操作の簡単なマーケティングオートメーションを求めていました。

導入後は、マーケティングから創出された新規セールスパイプラインは、10％から26％にまで伸びました。さらに、導入前は年間で80キャンペーンしか実施できませんでしたが、マーケティングの人員や予算を追加することなく、３年後には８５０ものキャンペーンを実施できるまで、生産性が劇的に変化しました。

File 03

企業名	**日本アイ・ビー・エム株式会社**
製品名	**Silverpop Engage**
URL	Silverpop Engage http://www-03.ibm.com/software/products/ja/silverpop-engage
取材協力	日本アイ・ビー・エム株式会社 IBM コマース事業部　ExperienceOne プロダクト・マーケティング＆セールス・リーダー 伊東祐治氏

※ 2015 年 7 月現在の情報です。

なりたち

1999年に米国アトランタで創業したSilverpop（シルバーポップ）社は当初、ＢtoＣ向けのＥメールマーケティングサービスプロバイダーでした。2007年にＢtoＢ向けのリードマネジメントソリューションを提供していたVtrenzを買収し、これによってスコアリング機能などが追加されてマーケティングオートメーションとして進化しました。そして、2014年にＩＢＭが買収し「Silverpop Engage」として今に至ります。ＢtoＣ、ＢtoＢともに強いのはそのようななりたちからです。

製品概要

Silverpop Engageは、主にＥメールマーケティング、リードマネジメント、行動マーケティングオートメーション（ＢＭＡ：Behavioral Marketing Automation）

を提供しています。キャンペーンの企画から、各顧客に対する効果の測定まで一貫して行うことが可能です。セールス部門とマーケティング部門の連携した見込顧客へのアプローチとともに、より効率的なマーケティングキャンペーンの実施を支援します。

製品の特徴

1　マーケターによるキャンペーンの作成、実施、効果検証が可能

Silverpop Engageは「プロファイル」「行動（メール、ウェブ、モバイル）」「リレーショナル（売上／取引）」の3つのデータからノンプログラミングのユーザーインターフェースで、簡単にキャンペーン対象者を設定することができます。対象者に送るメールやプッシュメッセージのコンテンツもテンプレートを簡単に作成可能で、配信前に受信者が表示するコンテンツのプレビューも確認できます。

また、効果を検証するための機能も充実しています。たとえば、メールの配信は受信者の過去の開封状況を踏まえ、受信者がメールを最も開封する可能性が高い時間帯に送信し開封率を高める「送信時刻の最適化（STO：Send Time Optimization）」機能や、A／Bテスト機能により、A案B案どちらが開封／クリックされやすいかを対象者の数パーセントでテストを行います。そして反応率の高い案を残りの対象者に送り、よりコンバージョンを高めていくことができます。

2　行動マーケティングオートメーション（BMA：Behavioral Marketing Automation）

メールを開封したか、どのコンテンツに興味をもってクリックしたか、ランディングページをどれくらい閲覧したか、資料をダウンロードしたか、フェイスブックに投稿してくれたかなど、メールやウェブサイト、SNSなどあらゆるお客様の行動を取得することができます。

この行動をトリガーとして、たとえば、資料をダウンロードしてくれたお客様には、○○キャンペーンメールを送信するといったマーケティングプランを設計し、アクションを自動化することができるようになります。

3　CRMとの連携でより精度の高いスコアリングを実現

スコアリングを行うためには、業種、業態などのプロファイルと、直近の行動データは不可欠ですが、Silverpop Engage では、Microsoft Dynamics CRM、NETSUITE、Salesforce.com などのＣＲＭシステムとも柔軟に連携することができます。ＣＲＭと連携することで、トランザクションデータとして取引／購買履歴を活用することが可能となり、より精度の高いスコアリングを実現することができます。

ただし、この3つの要素（プロファイル、行動データ、トランザクション）をどのような配分で設定するかは重要です。そのために、Silverpop Engage のコンサルティングメニューの中に、スコアリングを指南するメニューがあるほどです。

4　コンサルティングメニューの充実

Silverpop Engage はツールだけの販売ではなく、コンサルティングサービスをあわせて提供していることも強みのひとつです。多くの案件ではお客様ごとにアカウントディレクターがつくので、お客様が何をサポートしてほしいのかなど、状況に合わせて、必要なコンサルティングを組み合わせて、顧客のマーケティング活動を成功に導く提案を行っています。

導入時には、各種セットアップを行う「ファーストエンタープライズコンサルティング」、マーケティングを行ううえで重要となる、どのようにデータベースにデータをもたせるかを設計し、企業が保有するデータの取り込み方を指南したり、スコアリングモデルを設計する「プロダクトコンサルティング」、お客様に代わってオペレーションをする「マネージドサービス」を組み合わせます。

たとえば、スコアリングの設計サポートで○○時間、オペレーションで○○時間といったように、何を何時間サポートするのかの時間配分をすることが可能です。

ユーザーコミュニティ

オンラインの「お客様コミュニティ」には、さまざまなナレッジやベストプラクティスのコンテンツが充実しています。オフラインでは、「Amplify」というイベントで事例発表やネットワーキングが行われます。

導入実績

グローバルで2500社以上、5000ブランドの実績があります。Silverpop Engage は、複雑な分岐が多いキャンペーンではなく、早くて簡単なキャンペーンを数多く展開するマーケティングに向いているので、流通業に圧倒的な支持を得ています。Eメールマーケティングに強いので、BtoCでの実績が多いですが、コンサルティングがつくことで、BtoBでも多くの実績をもちます。

成功事例

企業名：Creative Co-Op（米国テネシー州）

業　種：小売業

成　果：①見切り放出キャンペーンで808％のROIを達成
②注文のコンバージョン率が42％アップ

室内装飾品などの設計、輸入、納入を世界の小売業に向けて展開しているCreative Co-Op社では、余剰在庫や不良在庫をいかに動かし、利益損失を最小限にして届けるかが課題でした。そこで、Silverpop Engage の「プログラム機能」を使用して、見切り品放出キャンペーンを実施しました。ターゲットは、トランザクションデータで保有する購買履歴から、過去3か月以内に該当商品を購入している小売業とし、メールを自動送信します。メールには製品画像、元の価格、現在の割引価格が記載されており、業者の再訪問と注文を促しました。

このキャンペーン実施後、最初の1か月で808%のROIを達成し、注文のコンバージョン率が42%増加しました。このキャンペーンがうまく機能したのは、業者の購買履歴とひもづけることで、特定のアイテムの補充が最も見込まれるタイミングでメールが送信されたことです。そして、特定のアイテムの注文が増えただけでなく、ほかのアイテムの売上も大幅に増加したという効果もありました。

File 04

企業名	**アドビ システムズ 株式会社**
製品名	**Adobe Campaign（旧 Neolane）**
URL	Adobe Campaign（Adobe Marketing Cloud） http://www.adobe.com/jp/marketing-cloud.html
取材協力	アドビ システムズ 株式会社 マーケティングクラウド　プロダクトマネジメント シニアプロダクトマネージャー　Japan Lead 上原正太郎氏

※ 2015 年 7 月現在の情報です。

なりたち

Neolane（ネオレーン）社は、２００１年にＥメールを中心としたキャンペーン管理を事業として、フランスで創業しました。創業メンバーのステファヌ デオッシュ（Stéphane Dehoche）、ステファン ディートリッヒ（Stephan Dietrich）、ブノワ グルドン（Benoit Gourdon）、トーマス ブーダリエ（Thomas Boudalier）は大学時代の友人です。

創立以来ヨーロッパを中心にビジネスを展開しており、保険会社など初期のバージョン１（現在はバージョン６）から利用している顧客も多く、顧客との関係性を重視してきました。当時、まだ「マルチチャネル管理」というコンセプトがない頃から、Ｅメールだけでなく、ダイレクトメールなど、オンライン、オフラインの複数のチャネルを活用し、クロスチャネルキャンペーン管理として拡大。２０１３年にアドビ システムズ社が買収して「Adobe Campaign」となり、日本では2015年後半に本格展開予定です。

製品概要

Adobe Campaignは統合デジタルマーケティングサービス「Adobe Marketing Cloud」の8つのソリューションのひとつとして位置付けられています。

Adobe Campaignは、クロスチャネルキャンペーン管理として、ウェブ、Eメール、ソーシャルメディア、モバイルなどのオンラインチャネルと、コールセンター、ダイレクトメール、販売データ（POS）などのオフラインチャネルを活用し、マーケターが必要とする情報を一元管理することで、お客様ごとに最適なタイミングで、最適なメッセージを届けることができます。行動履歴や、購買情報をもとに、お客様の顕在化していないニーズを予測、発見してコミュニケーションを行うことも可能です。

製品の特徴

1 オンプレミス、クラウド、ハイブリッド、柔軟な提供体制

Adobe Campaignは、クラウドだけでなく、オンプレミスで提供できることも強みのひとつです。パブリッククラウドと異なり、金融系など、強固なセキュリティを求めるお客様に適しています。

すべてをオンプレミスで対応することもできますし、たとえば個人情報や、CRMの情報はオンプレミスで管理し、メール配信のときだけ、配信に必要なデータをハッシュ化してクラウドに渡して配信するハイブリッド型など、お客様の状況に応じて柔軟に対応することができます。また、すべてアドビクラウド上で管理することも可能です。

2　アドビ他製品との円滑な連携

Adobe Marketing Cloudは、Adobe Campaignのほかに、Adobe Analytics（分析）、Adobe Target（ターゲティング）、Adobe Experience Manager（コンテンツ管理）、Adobe Audience Manager（ＤＭＰ）などを含む８つのソリューションで構成されており、それぞれが連携して情報を共有しています。

たとえば、Adobe Analyticsで得た情報をAdobe Campaignと共有したり、Adobe Experience ManagerではウェブのコンテンツIを管理するだけでなく、Ｅメールのテンプレートも管理できるので、担当や部門をまたいで活用できます。アドビ製品どうしなのでスムーズかつタイムリーに連携し、拡張することが可能です。

3　成熟度に合わせたコンサルティングサービス

初期セットアップから、シナリオ設計、Adobe Campaignを使って何をやりたいかという具現化までを、ベンダーが直接サポートします（Adobe Consulting Services）。直接サポートする理由は、お客様がアドビ製品を採用する際、アドビのその他の製品との連携を重視し、部分最適ではなく全体最適を求められているからです。

たとえば、Adobe Analyticsをすでに導入している企業が、そのデータをどう使ってキャンペーンを行いたいかを考えたとき、他製品と連携してどのように全体を設計するか、最適化をしていくかは、アドビ製品をよく知るベンダーのサポートが効果的です。お客様の課題や優先度などの状況に応じて、またデジタルマーケティングの成熟度に合わせたコンサルティングサービスを提案しています。

ユーザーコミュニティ／サポート

アドビのカスタマーアドバイザリーボード（CAB）は、製品ロードマップの共有、製品ビジョンの共有などを行い、お客様が求めているデジタルマーケティングと整合性がとれているかを確認する場となっています。また、Adobe Analyticsを中心としたユーザーが主催しているコミュニティ「eVar7」で他製品も含めた意見交換も行われています。

導入実績

グローバル全体でエンタープライズを中心に、550社の実績があります。BtoBでは、顧客情報の管理に重きを置く、金融、製造業などでも導入されています。

オンプレミスで大量のデータ処理が可能なので、グローバルキャンペーンなどで1億件以上のコール（コンタクト）実績もあります。

成功事例

企業名：EFI（米国カリフォルニア州）

業　種：ソフトウエア

成　果：①リード数は7％、営業機会は10％増加
②ダッシュボードで集中管理

デジタルカラープリントサーバー、スーパーワイドフォーマットプリンタや印刷管理ソリューションを提供しているEFI（Electronics For Imaging）社では、大手から小さなグラフィックスタジオまで幅広い顧客とのコミュニケーションを行うために、ダイレクトメールや、Eメール、ウェブを活用したキャンペーンを実施していました。しかし、グローバルでキャンペーンを行うためには、現状のソリューションではこれ以上のキャンペーン数の拡大は望めませんでした。

ＥＦＩでは、もっと多くのキャンペーンを走らせてリードを獲得し、営業機会を創出するために、Adobe Campaign を導入。現在では、毎月３００を超えるクロスチャネルを管理してキャンペーンを実施し、年間でリード数は７％、営業機会は10％増加しました。

また、Adobe Campaign のダッシュボードは柔軟にカスタマイズできるので、クリック率、開封率だけでなく、キャンペーンパフォーマンス比較などのＫＰＩも確認できます。各リージョンのマネージャーは、ダッシュボードからほかの地域のキャンペーン結果を比較して、成功事例をもとに、新しいキャンペーンを展開できるようになりました。ＥＦＩの担当者は、「Adobe Campaign のスピードと柔軟性がなければすべてのユーザーに効果的なサポートを行うことは不可能」と語っています。

File 05

企業名	**株式会社セールスフォース・ドットコム**
製品名	**Salesforce Pardot**
URL	Salesforce Pardot http://www.salesforce.com/jp/pardot/overview/
取材協力	株式会社セールスフォース・ドットコム マーケティング本部　プロダクトマーケティング シニアマネージャー 田崎純一郎氏

※ 2015 年 7 月現在の情報です。

なりたち

Pardot（パードット）社は、2007年、米国アトランタで、デビッド・カミングス（David Cummings）とアダム・ブリッツァー（Adam Blitzer）により創業されました。アダム・ブリッツァーは柔道をたしなみ、早稲田大学に柔道留学していたほどの親日家です。

Pardotは、当初からBtoBのマーケティングオートメーションとして、設計・開発されました。2012年、BtoCに強いデジタルマーケティングプラットフォームを提供していたExactTargetに買収され、2013年には、クラウド型CRMベンダーである米国セールスフォース・ドットコムがExactTargetを買収したことにより、Pardotはセールスフォース・ドットコムの一製品「Salesforce Pardot」となりました。買収後も、Pardotの製品開発、サポート、セールスチームは、米国のSales Cloudのチームにいて、アダム・ブリッツァーがゼネラルマネージャとして彼らを率いています。

Pardotは「販売する」という意味のラトビア語です。当時名前を考えていたときに、29の異なる言語の候補から、発音のしやすさと、つづりやすさ、そしてたまたまドメインが空いていた、ということから決めた名前だそうです。

製品概要

BtoBマーケティングに必要な、メールマーケティング、リードナーチャリング、ROI・キャンペーンレポート、スコアリング、ランディングページ、ソーシャルメディアへの投稿機能を持ち合わせています。BtoBマーケティングのためだけに設計されているので、必要な機能だけを、シンプルな操作性で提供しています。

全世界で15万社以上、あらゆる業種、規模の企業が導入しているSalesforce。そのSalesforceユーザーが最も利用しているマーケティングオートメーションがPardotです。

製品の特徴

1 Sales Cloudと密な連携で営業活動までを可視化

営業支援・SFAの「Sales Cloud」と密に連携することで、見込み客数、有望見込み客数、商談数、商談からのクローズ数までのマーケティング活動から営業活動までを一気通貫で可視化することができます。両ソリューションを連携し可視化することで、ボトルネックや改善ポイントも明確となり、営業活動へ貢献できるようになります。たとえるならば、「スーツは上下セットで買いましょう」ということです。

2　リアルタイムな連携を実現

通常、ＡＰＩ連携（他システムとの連携）では、コール数（システム間でやりとりする回数）の制限が設けられていますが、Pardot と Salesforce 間は、デフォルトで Connector が設定されているため、ＡＰＩ連携のコール数に制限がありません。たとえば、データ件数が多い場合は、まとめて夜中にバッチ処理で1回にするなど、回数や頻度などをコール数の制限に合わせて設定しなければなりませんが、このような調整が不要なので、いつでも、リアルタイムに連携することができます。

3　サポートの充実

買収前の Pardot メンバーがいるので、テクニカルサポートに強みがあります。また、テクニカルサポートとは別に、パートナー企業による利用に関するアドバイスなど、運用を支援するコンサルタントがいます。日本では、２０１５年4月末に第1回目の認定コンサル試験があり、すでに15社30名が認定されています。

また、操作情報や操作方法は動画で提供されるなどウェブのヘルプも充実しており、３００以上のヘルプ記事を参考に、ガイドビデオを見ながらお客様自身で問題を解決することが可能です。

ユーザーコミュニティ

セールスフォース・ドットコムのコミュニティ「お客様サポート」に Pardot のグループがあります。ユーザーグループ主導で、マーケティング分科会も活発に行われています。

導入実績

Pardot は、15万以上の Salesforce ユーザーが最も利用しているマーケティングオートメーションです。セールスフォース・ドットコム買収後の1年間で急速に導入が加速しました。主に従業員500名くらいまでの、中堅・中小のIT企業に多く導入されています。

成功事例

企業名：サイバーエリアリサーチ株式会社
業　種：IT・サービス
成　果：①資料ダウンロード数が2倍に
②Sales Cloudとの連携で売上も2倍に

各種IPアドレスデータベース制作販売などを手がけるサイバーエリアリサーチ社。静岡県三島にある同社の見込み客は、120キロ離れた東京に集中しています。そこで、営業のリソースをかけずに、見込み客の獲得から受注まで可能なかぎりオンラインで完結できるような仕組みを導入したいと考えていました。

すでに導入していたSales Cloudと密接な連携が可能であることが決め手となり、Pardotを導入しました。導入後、見込み客のセグメンテーションがやりやすくなったことで、これまで1%台だったメールマガジンのCTR（クリックスルーレート）を、特定セグメントに関しては20倍以上に。また、ナーチャリングプログラムの設計を見直し、資料の月間ダウンロード数が2倍以上になるなど、メールマーケティングが大幅に効率化・改善しました。結果、PardotとSales Cloudとの連携で、マーケティング活動から営業活動まで可視化できるようになり、2年間で売上が2倍以上にもなりました。

File 06

企業名	**日本マイクロソフト株式会社**
製品名	**Microsoft Dynamics Marketing**
URL	Microsoft Dynamics Marketing http://www.microsoft.com/ja-jp/dynamics/crm-marketing.aspx
取材協力	マイクロソフト株式会社 Dynamicsビジネス本部 Dynamicsマーケティング部 シニアプロダクトマネージャー 宇根靖人氏

※2015年7月現在の情報です。

なりたち

Microsoft Dynamics Marketingの歴史は、２０１２年に米国イリノイ州のMarketingPilot Softwareを買収したことから始まります。同社の製品「MarketingPilot」は、マーケティングリソースマネジメント（ＭＲＭ）の分野で非常に高い評価を得ていることでも知られています。買収後はキャンペーンマネジメントや、ＣＲＭ／ＳＦＡツールとの連携を強化し、２０１４年春にMicrosoft Dynamics Marketingとして米国でリリース、日本では同年9月にローカライズされました。

製品概要

Microsoft Dynamics Marketingは、統合型マーケティング管理ソリューションです。デジタル型、ソーシャル型、従来型などのあらゆるチャネルで、マーケティングの業務、計画、実行、および分析に利用できます。独立した製品ではなく、Microsoft Dynamicsのカスタマーエンゲージメントソリューションのひとつとして位置付けられており、各ソリューションと連携することで、マーケティングから営業、カスタマーサービスまでをトータルで支援します。

製品の特徴

1 Microsoft Dynamics CRMとの連携

Microsoft Dynamics CRMとの連携により、Microsoft Dynamics Marketingで創出したリードを営業に詳細情報として受け渡すことができます。また、マーケティング側から営業活動を可視化するだけでなく、営業からもマーケティング活動を可視化することが可能です。

たとえば、営業が自分で担当している顧客の一覧をCRM上で選択してワンクリックすると、今後展開される予定のマーケティングキャンペーンを確認することができます。「製造業で100億円以上の売上規模に属する企業で、過去に○○製品に興味をもっていたお客様に向けたキャンペーン」をマーケティング部門が企画していれば、そのキャンペーンメールをいつ配信するのか、その後、どのイベントに招待するのかなどのアクティビティが、ガントチャートで表示され、ひと目で確認することができます。

マーケティングから営業への一方向だけでなく、営業からもマーケティング活動を見ることができるため、より営業活動と密接な連携ができるようになります。

2 マーケティング活動全体の可視化

オンライン、オフラインの広告やイベント、DM、Eメール、ソーシャルなど、従来のアナログ型マーケティングも含めて、計画から実行、予算管理、効果測定までの統合が可能です。ツールが分断されないため、ＫＰＩやＲＯＩを把握することができます。

３　小さく始めて拡張できる

１ユーザーから契約できることも大きなメリットです。契約当日から利用できるので手軽に、小規模からスタートすることができます。小規模の導入で効果を確認できれば、チャネルと対象を拡大して、マーケティング施策を展開していくことが可能です。ストレージや配信メールキャパシティを追加できるので、業務の拡大に柔軟に対応することができます。

ユーザーコミュニティ／サポート

ＣＲＭを含めた、Microsoft Dynamics のフォーラム「マイクロソフトフォーラム」があり、製品や技術について日本語で情報交換できます。また、一問一答形式のトラブルシューティングから、活用をサポートする有償のコンサルティングまで、幅広くサポートメニューも用意されています。

導入実績

Microsoft Dynamics Marketingとしてリリースされた２０１４年からの１年間で、グローバルで１０００社の導入実績があります。Microsoft Dynamics CRMとしては、４万社、４００万ユーザーを保有しており、統合利用している顧客が増えています。

成功事例

企業名：IgramMicro（米国カリフォルニア州）

業　種：卸売業

成　果：①プラットフォームの統合管理で、生産性と効率性がアップ

②マーケティングと営業をつないで可視化

世界最大のＩＴ機器卸商社のIgramMicro社は、世界の１７０の市場で、20万人以上の再販業者のテクノロジーとサプライチェーンを提供するクラウドサービスプロバイダーです。市場の動きは日々速くなっており、パートナーの期待に応えるためには、チャネルパートナーの設計、購買、管理、請求などの業務をよりスピーディーにする必要がありました。

そこでIgramMicro社では、今まで異なるツールで管理していた各プロセスを統合管理するために、Microsoft Dynamics Marketing と Microsoft Dynamics CRMを導入。プラットフォームの統合により、マーケティング、セールス、カスタマー部門が同じ情報をリアルタイムに共有することが可能となり、販促プランやさまざまなタスクを効率的に行うことができるようになりました。また、管理者はダッシュボードを見ることにより、今どのような状況なのかをひと目で把握し、的確な指示や対策を迅速に行うことができるようになったことも大きなメリットとなっています。

File 07

企業名	HubSpot, Inc.
製品名	HubSpot
URL	HubSpot http://www.hubspot.jp/
取材協力	HubSpot APAC Marketing Director Ryan Bonnici 氏

株式会社スケダチ
代表取締役社長
高広伯彦氏

編集部注：HubSpotのパートナーとして取材に協力していただきました。

※2015年7月現在の情報です。

なりたち

HubSpot（ハブスポット）社は、ブライアン・ハリガン（Brian Halligan）とダァメッシュ・シャア（Dharmesh Shah）によって2006年に米国マサチューセッツ州のボストンで設立されました。

設立前、ベンチャー向けビジネスを行っていたブライアンは、消費者のリサーチや購入のプロセスが変わってきており、今までのようなテレビコマーシャルや一方的な営業電話などではなく、受け手側に立ったウェブコンテンツやソーシャルメディアを活用したインバウンドのアプローチが必要だと感じていました。当時ダァメッシュが書いていたブログに多くの人たちが集い共感を呼んだことから、小さな会社が成長するのにマーケティングもセールスも必要ではあるけれど、ブログにコンテンツを書いて人が集まるのであれば、そこからリードを集めてビジネスをスタートすればよいと考え、「HubSpot」

というツールが生まれました。当時はまだコンテンツマーケティングやインバウンドマーケティングというカテゴリはなく、まさにHubSpotがインバウンドのカテゴリを新たに生み出したと言えます。

製品概要

HubSpotがいわゆるほかのマーケティングオートメーションと呼ばれるものと違うのは、自社にリードがなくても、自社を見つけてもらう（Attract）ところから始まり、興味を持ってもらい（Convert）、購入してもらい（Close）、顧客となり満足度を高める（Delight）というう4つのプロセスに沿って、マーケティングから営業領域までに必要な機能をオールインワンで提供するインバウンドセールス&マーケティングプラットフォームという点です。

プレゼン資料を作るときにPowerPointだけ買うのではなく、Microsoft Officeを購入するように、何かひとつの目的があったとしても、たとえばプレゼン資料にグラフを入れたくなったらExcelを使うことと同じで、プラスアルファの目的ができたときに、いつでも必要な機能を簡単に使うことができます。

また、ワンプラットフォームで提供することで、すべてのアクティビティが同じデータに基づき、マーケティングと営業が同じデータ、コンテンツを見ることで共通の会話ができるようになり、お客様の理解を深めることができるようになります。

製品の特徴

1　リードを獲得するTOFUからスタートしたツール

ハブスポット社では、設立以来5年間はブログ、ソーシャルメディア、SEOといったTOFU（Top of the Funnel）に注力してきました。コンテンツマネジメント、リード管理、ランディングページ制作、Eメールといった MOFU（Middle of the Funnel）を中心としたマーケティングオートメーションが多い中、HubSpot はリードを獲得するために、マーケティングのファネルの最上位であるTOFUからスタートしています。

ある人がウェブサイトを訪れたら、そこからホワイトペーパーをダウンロードさせるといった具体的な行動を喚起（CTA：Call to Action）させてリードを獲得していきます。その人が過去にツイートした、レビューをした、ウェブを見たなど、自社に対してどのような行動をとったのかという情報は蓄積されるようになっており、これらの過去の行動履歴とひもづけることで、自動的にリードをスコアリングしていくことができます。

2 ハブスポット社の企業文化

インバウンドマーケティングは新しい考え方です。ハブスポット社では「人が喜ぶマーケティングを行う」ために、インバウンドマーケティングの教育、啓蒙に注力しています。基本となる「インバウンドとは何か」から、「ファネルはどのような構造になっているのか」「その次にどのようなステージがあるのか」、これらの考え方や理念を「HubSpot Academy」というオンライン大学で学ぶことができます。HubSpot ユーザーだけでなく、マーケティングを学びたいと考える、すべてのマーケターのために無料で開放されていることも大きな特徴です。ここに HubSpot の哲学があります。コースを修了すると、修了証が授与されます。

3 徹底した顧客満足度の追求

サポートチームのKPIは、「CHI Score（Customer Happiness Index）」で表します。サービスはビジネスを継続するものであり、お客様に成功してもらうために、どれだけ満足して使っていただけるか、ここが重要だと考えており、この考えは充実したサポート体制にも現れています。

CHI Scoreは顧客だけでなくパートナーにも与えられていて、自分の顧客がEメール機能を使っているか、どのくらいCMSを使っているか、いつログインしているかなど、すべての利用状況がスコアリングされCHI Scoreを出しているほどです。

ユーザーコミュニティ／サポート

標準で、最初のキャンペーンを実行するまでに必要なトレーニングやサポートサービスを90日間受けることができます。またオンボーディングサービスとして、グローバルで100名ほどのサポートチームが24時間体制で、どのようにインバウンドマーケティングキャンペーンを行うかについて（必要なリード数はどのくらいかなど）、あらゆるサポートを行っています。

日本ではまだ法人が設立されていないのでパートナーがサポートをしています。米国のソフトウェアを評価するサイト「G2 Crowd」（食べログのソフトウェア版のようなクチコミ情報サイト）では、ハブスポット社のサポート体制や使いやすさなどが評価され、常に上位を占めています。

オフラインでは、4半期に一度、ユーザー主導のユーザー会が開催されています。HubSpotユーザーでなくても参加ができ、開催場所やユーザーグループに応じてトピックスも変わり、貴重な教育の場となっています。

導入実績

グローバルで1500社、日本では100社以上の導入実績があります。中小企業を中心に、ファイナンス、サービス、IT、通信、ソフトウェアなど幅広い業種で活用されています。近年はエンタープライズでの導入も伸びています。

成功事例

企業名：SalesITV（オーストラリア シドニー）
業　種：サービス業
成　果：①ウェブサイトへの訪問者は10倍に
②営業チームへのリードは30％増加

ビデオによる営業トレーニングソリューションを販売するSalesITVでは、グローバルでより多くのリードを獲得するために、ウェブの活用を検討していました。既存のマーケティングプラットフォームでリードを獲得するには限界があり、HubSpotの導入を決めました。

新しいリードを獲得するためのマーケティングキャンペーンはSEO、ブログなどを活用して簡単に作成、実施することができます。適切なタイミングで適切な人に、適切な状態で情報を届けることができるようになったことで、6か月後には、ウェブサイトへの訪問数が10倍になり、営業チームへのリードは30％増加しました。

第6章

導入企業の事例に学ぶ

- 日本電気株式会社
- ルネサス エレクトロニクス株式会社
- ブロケード コミュニケーションズ システムズ株式会社

事例 1

日本電気株式会社

日本電気株式会社
CRM本部　フィールドマーケティンググループ
シニアマネジャー 東海林直子氏

マーケティングの取り組みとMA導入の背景

―東海林さんの担当業務についてお聞かせください。

日本電気株式会社（以下NEC）はクラウド、SDN、ビッグデータ、サイバーセキュリティに注力し、セーフティ、テレコム、都市・交通インフラ、エンタープライズ向けに、ICTを活用した新たな社会価値創造に取り組んでいます。その中でCRM本部は、マーケティング部門としてお客様とのさまざまな接点を通してエンゲージメントを強化し、ブランド力の向上、営業貢献を目指すという2つのミッションをもっています。この2つの視点で、ウェブサイトの運営、展示会への出展、ショールーム、ユーザー会の運営、宣伝広告などを行っています。

私が所属するフィールドマーケティンググループでは、これら顧客とのコンタクトポイント、コンタクト情報を活用し、展示会やウェブ、テレマーケティングなどの施策を組み合わせて、デマンドを作り、営業に引き継ぐところをミッションとしています。CRM本部の特徴としては、営業ユニットに所属しており、マーケティング活動と顧客データベースの運用を行うだけではなく、SFAの活用推進も行っているところです。そのためマーケティングで集めたデータが、営業に渡って、最終的にどのように営業活動に貢献できたかまでを見ることができます。

日本電気株式会社　東海林直子氏

―マーケティングオートメーションを本格的に導入してどのくらいたちますか?

2013年後半からいろいろなツールの検討を始めました。導入については、海外では2014年から、国内では2015年4月からです。国内では既存システムの兼ね合いもあるので、2014年の後半から調整と準備期間を経てようやく運用を開始したところです。

―マーケティングオートメーションを本格導入するまでの、マーケティングの取り組みについて教えてください。

過去の経緯からお話ししますと、2001年から始めたメールマガジンサービスが起点となります。メールマガジンで情報を発信して関係性を強化し、NECファンを増やしていくことからスタートしました。そして2004年に、メルマガ会員をベースに無料の会員サービスサイト「WISDOM」を立ち上げました。eセミナーを始めたのもこの頃で、プロダクト部門と連携し、ウェブからの獲得リード数の拡大を目指して活動しておりました。

その後、2009年にテレマーケティングの仕組みを導入して、営業貢献にシフトしていきました。営業部門との連携を強化して、KPIも「リード数」から、「営業引き継ぎ数」に変わったのが2010年です。たとえば、課題や導入効果を簡単に理解してもらえないようなソリューション商材のリードをとっていくために、3ページくらいの読み物をウェブコンテンツで用意して、それを見てくれた方にテレコールをして営業にリードを引き渡していました。でもそれはあくまでもタイミングキャッチなんですよね。ひとつのコンテンツを見てもらって、何か反応してもらった人というだけなので。

とはいえ営業に多くの案件を渡すことが目的でしたから、マーケティングから創出されたリードをどんどん営業に渡していきました。当然、営業は追えなくなってきますよね（笑）。

2012年になって、「リードの数」ではなくて「質」にこだわろうということになりました。それまで年間で2万件以上も営業に渡していましたが、SFAやCRMデータも活用して、マーケットやターゲットのペルソナ分析を強化し、タイミングキャッチだけでなくナーチャリングして課題を認知してもらい、興味が高まったリードを渡すようにしようと。

当時はCRMツールといくつかの機能を組み合わせて行動×属性のスコアリングを行っていました。ある「製造業のお客様向けのキャンペーン」では、ペルソナに合わせたコンテンツを作成し、半年間にわたってナーチャリング施策を実施し、そのソリューションを購買決定する複数の関与者を浮き彫りにすることができました。

このキャンペーンではサブ業種ごとに細かく仮説を立てていたのですが、面白かったのは、マーケティングに関する商材だったにも関わらず、マーケティング担当者だけでなく、開発や資材や設計の人たちが興味をもっていることでした。顧客の複数の購買関与者が共通して課題を認識している状態で営業に引き渡すことができるので、このことがわかったうえで営業が訪問すると、情報システム担当以外の人たちも同席して商談がスタートできるなど、営業からも非常に高い評価を得ました。

私たちも実際に営業と一緒に訪問しましたが、最初から会話がはずみました。ナーチャリングの効果ですよね。マーケティングで絞り込んだリードを、一度営業の目を通して、行けるか行けないかを判断してもらってからコールして営業に渡していたことも、商談につながったポイントかもしれません。この取り組みは2012年にeマーケティング協会が主催する「e-Marketing Award」において優秀賞をいただきました。

ただ、CRMツールである程度集計できる状態にはなっていましたが、マーケティングに必要な機能がすべてそろっているわけではないので、分析などは完全に手作業となり、とても時間がかかり大変でした。

MAの導入に向けて

―マーケティングオートメーション導入に至った経緯について教えてください。

2013年の後半頃から、お客様からマーケティング基盤やSFAの引き合いが増えてきまして、私たちがマーケティング部門として自社の実践事例をご紹介するケースが増えていたんです。お客様からは、グローバルの事例やノウハウを求められていたので、ちょうど取引のある数社から話があったマーケティングオートメーションについて検討を始めました。はじめから国内ではなく、グローバルでのスタートを試行しました。いろいろなツールを試してみて、最終的にはマルチスコアリングができることが決め手となって、今のツールを国内でも導入しました。

―導入について周りの反応はどうでしたか？

今までMAツールではありませんでしたが、ツールを使ったナーチャリング施策に取り組み、実績と成果があったので大きな支障はなかったです。MAを導入するメリットは明確に説明できましたから。ただ、MAと今までのツールと何が違うのか、ということはよく言われました。一番の大きな違いは「効率化」でしょうか。マルチでキャンペーンをまわせることで、パイプラインにつながる案件創出が確実にできるようになることを理解してもらいました。

MAの活用を始めて

―MAでキャンペーンをまわしてみてどうでしたか?

もともと手作業でやっていたことが、1/3でできるようになりました。コンテンツの制作期間は変わりませんけれど、マーケティング施策は今まで1回しかまわせなかったものが、同じ期間で3回まわせるようになりましたから。すでにできているキャンペーンをチューニングしながら実施するので、スケールアウトという課題が解決できると思っています。

これは失敗したかもしれないと、少し焦ったケースもありました。セグメントしたターゲットにメールを配信して、興味の高まった人をクローズドセミナーに誘導するというシナリオを作ったのですが、申し込みが数件しか来なかったのです。さすがにこれはまずい、失敗したかなと思ったのですが、メールに反応したホットな人たちにＤＭを送ってみたところ、そこから申し込みが入って、結果としては３割がメール、７割がＤＭからの集客になりました。すべてのお客様にＤＭを送ったら相当なコストがかかりますけれど、興味のありそうな人たちにたった２００通のＤＭを送ることで課題をもったお客様を集客できたことは大きな気づきでした。ターゲットによっては、クロスチャネルが有効だな、と。

あとは、スコアリングモデルを作るのに試行錯誤しました。今までのツールでやっていたときのスコアリングモデルは「積み上げ加点方式」だったので、マーケティングオートメーションでも同じように配分したんですが、なかなか思った通りのスコア配分にならない。チームでも議論を重ねて、１００％になるようにうまく配分したつもりだったんですが、結果を見るとほとんど差が出てこない。今は、シンフォニーさんからのアドバイスもあって点数をつけたいところだけつけて、あとはバッサリ切り捨てるようにチューニングしています。相当ざっくりとしたスコアリングだと思いますが、実際に商談化率を見るとスコアリングの正しさが実証できました。

マーケティングオートメーションの良いところは仮説に沿ってどんどんスコアリングをチューニングしていけるところだと思うので、このスコアリングの考え方を変えることができたのは大きかったです。「小さくても結果を出す」ということが大事だと思います。

―はじめてのキャンペーンで関わったメンバーや、プロセスを教えてください。

最初から全員を巻き込んでやろうとは思っていなかったので、私を含めて従来のツールでナーチャリング経験のあるメンバー4人で始めました。あとは営業部門、商材をもっている部門です。もちろん、シナリオは共有しますけれど、スコアリングなど細かいところについては私たちに任せてもらって、営業部門や商材をもっている部門には、今までと同様にシナリオ作成のためのネタを提供してもらっています。マーケティングオートメーションで効率化できるから、コンテンツさえ良いものができればうまくまわるんです。

コンテンツについては何も新しいものを作る必要はなくて、今あるものをうまく当てはめて使うことも十分にできます。「こういうシナリオを組みました」ということを、コンテンツを作成するチームと共有すると、「このコンテンツはここでも使えるね」という具合に、フェーズごとにコンテンツがそろってくるようになりました。たまったコンテンツは、いつでも使えるような状態にしています。

今までは、「事例を作らなくちゃ」「コラムを書かなきゃ」「動画も作っておこうか」というようにバラバラで動いていたものも、プロセスに沿ってシナリオが組めるようになってくると、足りないコンテンツは何か、いつ作るべきかという動きに変わってきました。

――今後、キャンペーンはどのように展開していくのですか?

今いろいろなプロジェクトが動き始めていますけれど、ソリューション型の商材を中心に2つのパターンで考えています。ひとつは、具体的な商材を絞ってペルソナを明確にし、ターゲット顧客をナーチャリングシナリオに沿ってホットにしていくもの。もうひとつは、たとえばＮＥＣのＩｏＴ（Internet of Things）ソリューションに幅広く興味をもってもらい、その分析結果から仮説を立て、特定の商材のナーチャリングシナリオにつないでいくというものです。社内のマーケティングオートメーションの理解度もさまざまなので、社内啓蒙という意味でも、マーケティングオートメーションとは何か、どういうことができるのかを体感し、理解してもらうところから始めています。

今のマーケティングオートメーションの状況は２００１年にメールマーケティングを始めた頃に似ていて、各部門がとりあえず導入したい状態。部門最適で進めないよう、複数のベストプラクティスを提示できるようにしなければいけないと思っています。

―キャンペーンを実施して上層部からの反応はどうでしたか？

ちょうどひとつのキャンペーンが終わって、具体的にどんな成果があったのか、今後何を目指しているかということを報告したところです。今回、スモールスタートで実行したキャンペーンからパイプラインも出ているので、営業のトップからは何も問題がないから速く進めてくれと言われています。マーケティングのトップからは、ほかにどんな領域に活用できるのか、どれだけスケールアウトできるのかもっとくわしく聞きたいと言われています。全社として期待されていると感じています。

おそらく、「BtoBでこういうツールが使えるのか」「SMB（中小企業）や箱物のほうが向いているんじゃないか」と思っている人も多かったと思いますが、「ソリューション型で、単価が高いものでもできるんだ」と。営業が動かないとクロージングしないのは当然わかっている領域ですが、今動けていないものであればこういうやり方もいいんじゃないかという感覚をもってもらえたと思います。

―他部門との連携はどうですか？

シナリオを作成するときにターゲットとバリュープロポジション（顧客に提供する価値）が重要となってくるので、そこは営業や製品部門と一緒に決めていきます。セールス活動につながるシナリオを作ることが大事ですから。

シナリオを組んだ後は、情報を集めてセグメンテーションをして、実行してSFAにつないでいます。営業に引き継いだ後はSFAの情報をトレースして、市場の情報などもあわせて分析してから、シナリオを修正しています。このサイクルを高速でまわすために、SFAの領域もCRM本部で一貫してもっているわけです。ここは弊社の特徴かもしれません。今の状況をいち早く分析して、PDCAをまわさないと、情報もすぐに陳腐化してしまいますから。このプロセスをていねいに設計して推進することが、デマンドセンターの役割だと思っています。意外と泥臭いことばかりですが（笑）。

―外部との連携はどうですか？

マーケティングオートメーションはパッケージを買って終わり、ではないので外部パートナーとの連携はとても重要だと感じています。データを入れたり、キャンペーンキャンバスを描くことは、私たちでもできるかもしれませんが、そこで時間をとられるよりは、先ほどもお話ししたように、営業や他部門と調整したり、有効なシナリオを作るために、コンテンツ制作やリアルイベントのセット、ＣＲＭデータの分析というほうを優先したいと思っています。キャンペーンをまわすことにいっぱいになってしまわないよう、道具を使うところは安心してオペレーションできる組織をつくるか、外部に委託して、企画や分析、関連部門の調整をやっていくことが理想だと思います。

これから導入する企業へのアドバイス

―これから、マーケティングオートメーションを導入する人たちへのアドバイスはありますか？

まず、コンテンツを考えるべきだと思っています。コンテンツは購買プロセスに沿って、初心者の方にタッチするものから、ニーズが高まってきたときに見るものと、パターンを分けて用意しますが、それにはセミナーなどのリアルコンテンツも含めてどんなコンテンツがアテンションフェーズ、クロージングフェーズであるべきなのか、何が足りないのかということを設計する人が必要です。
次に、シナリオ設計でしょうか。たとえば、目標デマンド数に対して商材の特性や、ターゲット、マーケットに応じてどのコンテンツをどのように組み合わせるべきかを営業部門／製品部門と調整し、設計できる人です。個別のアクティビティをうまくまとめて、ひとつのシナリオやプロセスを設計できる人、各部門の調整と全体を理解して設計できる人が必要だと思います。実行についてはセットするだけでよいですから。このシナリオ設計者が、結果を分析し、ＰＤＣＡをまわし、スコアやシナリオをチューニングしていく必要があると思っています。

（取材日：２０１５年7月24日）

事例 2

ルネサス エレクトロニクス株式会社

ルネサス エレクトロニクス株式会社
グローバル セールス マーケティング本部　マーケティングコミュニケーション統括部
Webマーケティング部 部長　関口昭如氏

MA導入の背景と検討プロセス

―関口さんの所属部署の役割と現在の担当業務を教えてください。

ルネサス エレクトロニクス（以下ルネサス）という半導体メーカーで、グローバルでのウェブマーケティングを担当しています。グローバル セールス マーケティング本部の中で、私の部署はデジタルマーケティングの担当です。昔はウェブの担当部署はどちらかというと広報に近くて、会社のＩＲ的なもの、それから製品のカタログを載せたりすることに注力していたのですが、今はウェブの位置付けを、お客様のサポートとマーケティング、その両方を実現するものとしてやっています。

―マーケティングオートメーションを導入してどれくらいたちますか?

導入して1年半くらいたちます。ただ、マーケティングオートメーションというものを導入しようと検討を始めたのは、もう5年くらい前です。けっこう前ですよ。

―マーケティングオートメーションの導入を検討したきっかけを教えてください。

以前は、お客様は常に我々の営業とフェイストゥーフェイスで接していただき、そのサポートをするものとしてウェブがありました。マニュアルのダウンロードなどドキュメントの参照サイトという役割(位置付け)でした。ただ、まさに最近よく言われるように、お客様は営業と会う前にかなりの情報を調べたり、キーとなる行動をすることが、ウェブのアクセスログからわかっていました。これ

ルネサス エレクトロニクス株式会社
関口昭如氏

だったら、ウェブを言葉は広いですがＣＲＭと捉えてしまったほうが我々にも良いし、お客様にも本当にほしい情報を見せるという、インタラクティブ性に富んだウェブを創りたいと思い立ち、検討を始めました。

検討を開始したのは２０１０年頃、会社が合併した年です。アメリカのチームと共同で、ブレーンストーミングをしました。ホワイトボードに、こうなるはずなのではないかと書いて議論をしました。そのときは「マーケティングオートメーション」という言葉を使っていたかどうかもわからないですが、キーコンセプトは、「マーケティングツールとしてウェブを使おう」ということでした。

—それからマーケティングオートメーションを導入するまでに、どんな経緯がありましたか？

検討を始めた２０１０年は会社が合併した当初なので、まだ会社自体がどうするのかというのもわかりづらい時期で、我々もなかなか提案ができませんでした。最初の1～2年は、アイデアベースで語っていただけなのですが、2～3年して会社の方向性が見えてきました。会社の構造改革なども行っていたので、それに合わせて成長段階に入るときに、我々がツールを使って積極的にマーケティングができるように準備をしていました。

我々の変化も大きかったですが、お客様側の変化も大きかったです。ルネサスが持っている「MyRenesas（マイルネサス）」という技術者向けの会員サイトがありますが、そこに、お客様が普通に登録してくれるようになったのです。昔は、メールニュースがほしい人ぐらいだったのが、半導体を使うお客様自身がMyRenesasのウェブサイトからソフトウェアをダウンロードしたり、サンプルコードをダウンロードしていくようになったので、前にも増してウェブにユーザー情報を入れてもらうということが普通になってきたというのが実感としてありました。

—マーケティングオートメーション導入を提案したとき、周りの皆さんの反応はどうでしたか？

基本的にはすごくポジティブでした。昔は営業はデータブックとかを手で持ってお客様先に行っていました。それがないと設計できない時代だから、行けば絶対に会ってくれたのが、なかなかすぐに会ってくれないということを肌感覚でわかっている人たちもいるので、そんなにネガティブなことは言われていないです。大筋では。だけど、お金をかけることになるので、ＲＯＩをきちんと見せようと思いました。

そこで我々はＲＯＩモデルを作って、それに対してきちんと計画通りになっていたのかというのを半年に1回ぐらいチェックしています。ＭＡツールはクラウド型の仕組みなので、ある意味やめようと思えばシステム的にはいつでもやめてもいいわけです。きちんとマイルストーン通りにことが進んでいるのかを、半年に1回ぐらい見せながら進めています。

—ツールの選定についてはどのようなプロセスがありましたか？

ツールの選定は、アメリカと日本で（我々は「タイガーチーム」と呼んでいますが）機敏に動ける検討チームを作って行いました。当時はＭＡツールだけでなく、ＳＦＡも検討していたので、それらの候補をあげて、デモを見たり、ベンダーに聞いたりして最終的に決めました。

選定基準としては、まず「グローバルで使えること」、これが第一です。それから「スコアリングの軸がクリアなこと」。我々が選んだＭＡツールは、エンゲージメントとプロファイルの２つの軸、基本はこの２つでスコアリングするタイプです。この方法が、その時点では我々には単純に見えました。まずはそれに合わせてやってみようというのがけっこう大きかったかもしれません。

あとは、「クラウド」だということですね。当時はＣＲＭやバックエンドとの連携のところだけはどうしてもＩＴ部門が絡まなくてはいけませんでした。マーケティングオートメーションのほうは、マーケティング側のパートナー企業と一緒に導入したので、ＩＴ部門の関わり方は大きくはなかったと思っています。

ＭＡを導入して見えてきたこと

―実際にマーケティングオートメーションを導入した感想を教えてください。

やっぱり難しかったと思います。リードがいろいろなところから来るので、どう名寄せしてひとつにするか。たとえば「昨日来たリードと、一週間前に来たリードと、どっちが強いんだ？」とか。あと難しかったのは、スコアリングです。スコアリングを決めるのに時間がかかったのと、複雑になってしまって……。ものすごく複雑なことを考えちゃったんです、日本は。

今回、我々はグローバルでMAツールを導入しましたが、アメリカなど日本以外の地域は、どちらかというとツールに合わせようとするんです。でも、日本は理想のスコアリングについて検討するとき、「やっぱり4軸がないとダメです」とか、そこから始まったりする。ツールに合わせるということがなかなかチームに浸透しなかったと思います。そこが日本では一番苦労したところです。

海外ではMAツールのベンダーがもっているインプリメンテーションプランや導入プランなどがあるので、まずはそれに沿ってスコアリングをやってみよう、PDCAをまわして徐々に改善していけばいいよねというやり方ですね。日本は厳密に最初に全部設計して、全部決めてからやっていこう、となってしまったのが少し反省するところです。ただし試行錯誤からわかったこともいっぱいありますけどね。

──導入して、部署のみなさんの変化はどうですか？

我々の活動を数字で語れるようになったことが一番大きいです。それから、やりがいの変化ですね。ウェブ担当の人たちは、「自分たちはウェブ屋さんです」というスタンスで、実際のマーケティングと少し離れたところにありました。どちらかというと、インフラ屋さんという感じだったんです。

でも、まさに我々のビジネスのコアになろうとしていて、マーケティングプランそのものに自分たちが入るようになりました。その意味では、昔にくらべると、みんなやりがいをもってやっていると思います。事業部、マーケティング部門と一緒に戦略を作る担当や、ウェブ担当、営業との連携担当、データ管理担当などいくつかのピースが連携しながら進めています。

—現在の利用状況を教えてください。

現在はアメリカ、日本だけでなく、ヨーロッパ、シンガポール、台湾、韓国、中国の7地域で利用しています。アメリカは我々とやっていることは一緒ですが、1年早く始めました。このやり方は実はけっこう多いんです。アメリカのように進んでいるところで1回トライアル的にやって、うまくいったらグローバルに広げようというやり方は、ウェブに関してもよくあります。それをどうグローバルで最適化していくかがポイントになります。今は地域ごとに独自に活用しているのですが、今後グローバルで共通のキャンペーンをやろうとしています。

—日本と海外の違いはどんなものがありますか？

一番大きな違いは、日本は今までのビジネスの規模や歴史から見て、リードの数をすごくもっていますが、海外はまだ日本にくらべて認知度が低いので、まずはリードを集めるところから始めなければならないところです。どうしても、まずレジストレーション（ウェブからのリードの登録）から始まるわけです。日本では比較的今までのお客様が多いので、それこそ事例解決型のコンテンツを用意してハウスリストにメールを送って、それなりにできますが、海外はそれができないので、リードを集めるためにＳＥＭなどのリードジェネレーションのほうから始める必要がある。取り組み方がけっこう違いますね。

アメリカは、それこそシリウスディシジョンズ（SiriusDecisions、米国でＢ toＢマーケティングカンファレンスを開催している調査会社）などがあるので、最新のやり方はアメリカから学ぶと。僕のイメージは、アメリカはアメリカでひとつのやり方があり、ヨーロッパ、アジアもそれぞれのやり方がありますが、アジアの中でも日本はちょっと違うかなと思うところがあります。リードの数などが全然違いますし、考え方も違う。同じインフラを作って、同じＫＰＩを設定しても、やり方は地域独自を許しているという感じです。ただし、グローバルでさらに効率化していきたいと思います。

──営業との連携はどのように行っていますか？

日本は多くの営業部隊がいるので、集まったリードを営業部署と共有してお客様とのコミュニケーションに活用してもらっています。ただそのときに、営業側で常に会っているお客様もいるので、そこは気をつかってお互いにコミュニケーションを保ちながらやっているのが日本です。

海外は、それこそ「オートメーションツール」です。アメリカはＺＩＰ番号で販売店が決まっているから、自動でどんどんリードを渡していきます。対応されなかったリードは戻ってきて、またナーチャリングが走ります。

もともとMAはそういう発想で作られたのだと思いますが、グローバルは比較的スタンダードな使い方で、日本は日本で独自のやり方を取り入れないと、ということがたくさんありますね。日本は営業部隊も大きいし、長年の歴史もありますし。

—導入して1年半、最初と現在で営業との関係はどう変わりましたか?

最初は営業と我々はテーブルの端と端ぐらい離れたところに座って話していた感じでしたが、いろいろコミュニケーションをするようになって、だいぶ近づいて話せるようになりました。我々はまだ完璧なものになっているとは全然思ってはいないのですが、お互いに話して解決しようということになってきているし、営業側もまわりきれないところはサポートしてほしいと言ってくるようになったので、そこは全然違います。

ただ、確率論みたいなところがあって、10個渡して10個全部が良いわけではない。なので、今の確率が3割だとして、そこの率をもっと上げてほしい、件数は少なくていいから、質のいいものを、1件か2件でいいから100%のものがほしいという人たちもいます。ここのバランスは我々のチャレンジですね。

MAの活用を始めて

―マーケティングオートメーションでひとつのキャンペーンを実行するのにどれくらいかかりますか？

マーケティングユニットのようなところがあるので、そこのプロダクトマーケティングとセグメントマーケティングの人間と我々で、全体の戦略とざっくりとしたコミュニケーションプランを考えます。お客様とはどのタイミングで接して、どういう風にナーチャリングしていけばいいのかを決めて、そのスケジュールから、それぞれの必要な担当者と会ってコンテンツを作っていく感じです。

コンテンツが集まってから、MAツールでキャンペーンの設定をします。キャンペーンをやろうと決めてからツールで実行するまでは、大体2か月くらいかかります。そこから初めて自動化です。これは海外でもほぼ同じです。以前「マーケティングオートメーションは全部やってくれる、コンテンツから何からすべて自動なんでしょ？」と言われたことがありますが、そんなことないですよ（笑）。そこまでの自動化を求めてはいけません。企画など人間が考えるべきところもたくさんあります。

―マーケティングオートメーションを使っていくうえでの課題はありますか？

課題は「コンテンツ」です。製品の技術者やコンテンツマーケティングから作れたら一番理想で美しいのですが、今まで我々はどちらかというとプロダクトアウトなコンテンツしか作れていない可能性があるということ。どのコンテンツを見ても、主語が〝製品〟なんです。「この製品は～です」というように製品の特長を一生懸命語っている。そうではなくて、よく言われるようにお客様視点のコンテンツに変えていかなくてはならない。ただ、そこはまだ課題です。幅広い層に向けて表現するというのは、なかなか訓練されていないので難しいです。

もうひとつの課題は、我々のキャンペーンプランと半導体という製品特性上、特にツールやボードをセールスインフラなどと連携しなければいけないのですが、そこのタイミングが合わなかったりしました。一生懸命プロモーションしてホットリードをいっぱい出したけれど、「ツールもボードもなくて売れません」となってしまうことを避けなければいけない。だいぶ昔より減りましたけど、そういうことがたまにあるので、もうすこし関係者と一体となってやっていかなければいけないなと思います。

これから導入する企業へのアドバイス

―これからマーケティングオートメーションを導入しようとしている企業に、何かアドバイスをいただけますか？

一言でいうと「関係者を巻き込むこと」だと思います。やはり自分たちのところが威張ってなんだかんだと言ってみても、前工程は事業部とかプロダクトマーケとうまくやらなければいけない。後工程は営業とうまくやらなければいけない。その部分は導入前も導入後も両方すごく大事だと思います。一番大きいことですね。

グローバル展開の際は、日本と海外はリードの数などが全然違うので、日本で作ったのをそのまま押し付けないほうがいいですね。そして、ツールに合わせることも重要だと思います。あとはコンテンツです。コンテンツを作れないまま終わってしまうキャンペーンもすごくあるし、ある意味コンテンツに投資をしないとダメです。システムへの投資はみんなやりますが、コンテンツへの投資はやらないことが一般的に多いですよね。

これは違っているかもしれないですが、僕はやっぱり「データを捨てることが大事」だと思っています。本当に捨てるのではなく〝諦め〟です。ここからここは諦めて、もう見ないということがすごく大事だと思います。僕の個人的な意見としてはそう思います。社内には別の意見もありますが……。

データの名寄せについては、よく庭山さんもおっしゃる通り、特に日本のように会社のヒエラルキーの下から物事が決まっていくような人たちが多い中での名寄せと、アメリカのようにメールアドレスが合っていればいいですという世界と、どこまで折り合いをつけてやっていくのかというのは大きいですし、僕は個人的には国ごとに完全に同じやり方でなくてもいいんじゃないかと思っています。

マーケティングオートメーションは、けっこう特殊なツールだと思うので、最初は過去の経験や方法論などをもっている企業とやったほうがいいと個人的には思います。あとは、日本に本社がある会社なら、場合によっては、国内と海外と分けてもいいんじゃないかと思います。アメリカに本社があるなら、グローバルで全部そこで決めるのでもいいと思いますが。

前提として、我々のような会社は日本本社でガバナンスを効かせないといけないのですが、全体が最適化されていれば問題ないので、現地は現地の強いパートナーを探すのもひとつの手段です。

ルネサスでは、グローバルとのコミュニケーションという意味で、全地域の担当者を集めて電話会議を毎週やっています。各地域の課題などを言ってもらい、お互いにヘルプしあう体制です。ウェブはもともとそれをやっていたので、その延長線上でデジタルマーケのほうもやっています。

―活用についてのアドバイスはありますか?

うちの業界は特に足が長いので、成果が見えるのは3、4年先ということが普通にあります。マーケティングファネルの中では、3年後にこれが起きるのだとしたら、必ずここではこれが起きているはずだという仮説があって、きちんとそれが見えていればいいと思います。

その中間時点でこれが起きているはずというマイルストーンを仮説として立てて、それがその通りになっているかを見せていく。やってみて違うこともたくさんありますが、でもそれはそれでオープンに見せていくこと、データもオープンに全部見せることは大事だと思います。マネージャにも営業にもマーケティングにも全部見せていく。

—今後のマーケティングについてはどのように取り組まれますか？

我々がたくさんのインダストリーやセグメントのお客様をサポートしている中で、ウェブなどデジタルのツールを武器に、いかにお客様をサポートし、拡販活動できるかというのがキーとなります。そこに関しては我々の活動は本当にコアになるはずで、今そこを会社からとても期待されています。ブロード（より幅広く）という点、それから顧客視点ということを忘れずに今後も活動を強化していきたいです。

（取材日：2015年7月29日）

事例3

ブロケード コミュニケーションズ システムズ株式会社

ブロケード コミュニケーションズ システムズ株式会社
マーケティング本部長　橋村抄恵子氏

MA導入の背景

―まず、橋村さんの担当業務についてお聞かせください。

ブロケード コミュニケーションズ システムズ株式会社では、データセンターからキャンパスLAN、サービスプロバイダのネットワーキングを支援する総合ネットワーク・ソリューションを提供しています。その中で、私は日本国内のマーケティング全般を担当しています。国内のビジネスを伸ばすにあたって、どのような営業戦略を立て、具体的にどのようなマーケティング施策を実行していくのか、営業と調整したり連携しながら進めています。外資系企業なので、米国本社に対して、日本のマーケットやビジネスがどのような状況であるのか、フィードバックする役割もあります。

―マーケティングオートメーションを導入してどれくらいたちますか?

2015年4月からですので、まだ運用し始めたばかりです。

―どのようなきっかけで導入されたのですか?

グローバルで統一する方針となったからです。米国本社では1年ほど前からマーケティングオートメーションを導入していましたので。日本ではデータ管理で別のマーケティングツールを使ってうまく運用できていたので、そのツールと連携して併用しながら、今年から運用を始めました。日本だけ違うものを使い続けるとグローバルでのレポーティングや分析などが困難になりますし、使えるもの、効果が見込めるものは積極的に導入していきたいと考えています。

ブロケード コミュニケーションズ システムズ株式会社　橋村抄恵子氏

―導入前はどのようなことに期待していましたか？

大きく2つあります。まずひとつは、たとえば展示会に来てくれた、メールマガジンの登録をしてくれた、メールに反応してくれた、資料をダウンロードしてくれたといった、お客様とのタッチポイントを一元管理できるようになることです。これからデジタルマーケティングを行うためには、これらのお客様とのタッチポイントをどのようにつないでいくかが重要だと思っています。

もうひとつは、SFAと連携することで、マーケティングから創出したリードが、どのように営業に渡ってクロージングされたのか、受注したのか失注したのかを一気通貫で見ることです。プラットフォームが分かれていると作業が増えるだけなので、プロセスの簡素化や、時間短縮などにもメリットがあると考えています。

今後の運用に向けて

―今はどのような運用体制で進めているのですか？

本格的な運用はこれからですが、戦略を考える人、ウェブの登録フォームや自社ウェブの担当、データ管理の担当、実際のマーケティングオートメーションのオペレーション担当といったところでしょうか。

グローバルで展開する場合は、プロジェクト全体を担当するコンサルタントが加わります。

—実際に運用を始めて大変だったことなどありますか？

スコアリングですね。米国本社が設定したスコアリングをしてしまうと、意図していないリードが高スコアで上がってきてしまいます。日本と米国では、商習慣も違うからスコアリングの考え方も違う。この日本独自のスコアリングの考え方をフィードバックして、理解してもらいながら進めています。

—今後の課題は何かありますか？

グローバルとの連携でしょうか。グローバルでキャンペーンを実施する場合は、グローバルのデマンドジェネレーションのチームがキャンペーンの全体を設計し、コンテンツを作成して、各地域に展開していくのですが、日本語の問題がいろいろ出てきています。

たとえば、ダウンロード用のＰＤＦファイルなどは翻訳すればよいのですが、動画はどうしようとか。日本用に作り直せば、リソースや費用もかかってくるので、使えるものは使っていきたいけれどそううまくもいかない。メッセージの打ち出し方もマーケットによって違うので、今後は精査しながら国内で展開していく予定です。

これからMAを導入する企業へのアドバイス

―最後に、マーケティングオートメーション導入を検討している企業へのアドバイスをお願いします。

マーケティングオートメーションの活用にスコアリングは欠かせませんが、そのためには、どのようにデータをもたせて管理をしていくのか、スコアを設定していくかが重要なポイントになってくると思います。またＢtoＢの場合は、営業の戦略・組織との整合性をもった運用フローを構築することも忘れてはならない点です。

（取材日：２０１５年7月2日）

第7章

座談会
「営業が本当にほしいリードとは」

株式会社データビークル　代表取締役　油野達也氏

大成建設株式会社　医療福祉営業本部　営業担当部長　上田茂数氏

ベリタス・コンサルティング株式会社　代表取締役社長　坂尾晃司氏

山洋電気株式会社　営業本部　主事補　田添裕康氏

司会

シンフォニーマーケティング株式会社　代表取締役　庭山一郎

はじめに

庭山：本書のテーマは「マーケティングオートメーション」ですが、マーケティングオートメーションでつくった案件を実際に追うのは営業担当者。ここでは、営業の世界でキャリアを積んできた方々にお集まりいただき、お話をうかがいたいと思っています。まず、簡単に自己紹介をお願いします。

油野：データビークルの油野と申します。もともとＮＴＴデータで営業部長をやっておりまして、そこからインフォテリアという上場前のベンチャーに入り、２年くらいで上場までもっていきました。その後、インフォテリアに９年おりまして、２０１４年の暮れに自分でデータビークルという会社を立ち上げました。

マーケティングとＩＴは隣りあわせですが無縁なところがあり、ＳＩｅｒ（システムインテグレーター）というのはマーケティングをほとんどやりません。ですが、私はその中でパッケージビジネスを通じてマーケティングと営業の両方をやってきました。22歳のときからずっと30年近く営業ばかりやってきて、現在は、自分でマーケティングも営業もやっているスタートアップの会社です。今日はよろしくお願いします。

上田：大成建設の上田です。私はもともと管理系の業務に従事しており、ものづくりの最前線である作業所でも事務担当者として働いておりました。そのあと本社に転勤になり、マーケティングとの出会いは30代後半からです。ゼネコンですので、マーケティングという世界は当時まったくありませんでした。ただ、私の元上司だった人間と、ちょっと危機感があっていろいろやってみよう、データベースマーケティングというのをやってみようと。私は当時、マーケティング部門の室長だったのですが、そこで試行錯誤して、一定の成果も出てきて……というときに、営業でがんばってきなさいということで、3年半前から営業をやっています。

そういうことなので、営業歴がそれほど長いわけではないのですが、扱っている案件が高額で、営業のリードタイムも大変長い。また他社の牙城を崩すのも非常に大変な業界ではあります。マーケティング部門にいたときは、「建設会社にマーケティングという考え方を導入していこう」ということで、い

ろいろと挑戦させていただきましたが、いま営業側にいて逆にその重要性を再認識しています。今日はよろしくお願いします。

田添：山洋電気の田添と申します。山洋電気という会社はＢtoＢ一筋の会社で、３つの事業部をもっています。１つめは工業用ロボットを動かすサーボモータと呼ばれる製品で、工作機械や射出成形機などにも多く使われております。２つめは冷却ファンと呼ばれる小型の扇風機みたいな製品です。昔はパソコンの後ろにも付いていましたが、山洋電気は信頼性を重視した製品をつくっておりますので、一般的なパソコンよりも、サーバーなど止まっては困るもののための製品に多く使われています。そして３つめが無停電電源装置、ＵＰＳと呼ばれるもの、そして太陽光発電のパワーコンディショナなどもやっております。

そのようなＢtoＢ専門のところに私は営業として入社しまして、東京本社に8年、名古屋で9年、広島で拠点長をやりました。その後大阪から本社に戻ってきて、本社ではじめてマーケティングというものに触れました。実は大阪にいたときに、山洋電気のマーケティングが本格的に始動したのですが、どちらかというと私は反対派でした。というのは、始めた頃のマーケティングが、「どんなリードもとりあえず営業に渡せ」というところからスタートしたものですから、現場のほうとしては「訪問しても意味のないリードをもらっても……」という気持ちが正直強かったです。

でも、この3年間マーケティングに携わり、「あ、製造業のマーケティングはこれが一番いい方法だな」と、１８０度考え方が変わりました。そんな私ですが、よろしくお願いします。

坂尾：ベリタス・コンサルティングの坂尾と申します。僕はもともとリクルートに10年ほどおりまして、リクルート事件があった後の第一期生です。外資系証券会社に行こうと思っていたのですが、リクルートに入社して何をやるのかわからないまま、いきなりイエローページを渡されて「アポとって」と言われて、「アポってなんですか？」そこから入りました。バブルの全盛、平成元年に入社して6年間、もともとリクルートの本業である新卒の広告、当時はネットではなく紙でしたが、それを売る仕事をしていました。

営業専任でやったのはその6年だけで、あとはコンサルティングの仕事です。営業のアポとりがいやでいやでしょうがなくて。当時のリクルートは、マーケティングのマの字もなくて、ひたすらアポをとって飛び込みをやって売るというゴリゴリ営業をやっていました。さらに、バブルの絶頂から転げ落ちるようにどんどんダメになっていった時代で、当時は担当するお客様が倒産、夜逃げ、お縄になるというような経験をしました。

たまたま、営業の仕事がいやになって辞めちゃおうかなと思っていたところ、リクルートの新規事業でコンサルティングの部署を立ち上げるから、お前もやろうということで、それから4年ほどコンサルティングの部署にいて、そのまま独立しました。

今の仕事は、組織人事系のコンサルティングに関して幅広くやっており、マネジメント強化、テーマとしては営業強化というのも多いです。今年で設立15年になるのですが、基本的には業界ナンバーワン企業をお客様にするというスタンスで、売上が10億未満くらいの企業から、一番大きいところでは８００億くらいのところまでやらせていただいています。所帯としては契約スタッフを含めて20名という非常に小さい会社です。今日は何かお役に立てるかなと思ってお邪魔しました。よろしくお願いします。

日本のBtoBにマーケティングは必要ないのか？

庭山：それぞれ、これまでどんな営業をしてきたかというお話を聞いたわけですが、皆さんが入社した頃は業界の中にマーケティングがなかった。でもいくらなんでも足と汗と突撃だけでは……。そもそも今は飛び込みができない、アポがないと会社の中に入れませんから。そういう時代になり、いま営業はどのように変わるべきなのか、変わらなければならないのか。まず、ＮＴＴデータにいらした油野さんにお聞きします。ＳＩｅｒはいまだにマーケティングがないというイメージですか？

油野：ないですね。ＳＩｅｒは、決まったお客様の仕事をするので、新規のお客様というのがそもそもないのです。だから必要ない。一方、パッケージベンダー、ＮＴＴデータで私はパッケージビジネスを立ち上げたんですけれど、そのときにはじめて、自分たちの事業部でホームページつくって「お、マーケティングってこういうことなんや」と。「ウェブをつ

株式会社データビークル
代表取締役　油野達也氏

くったら人が来るんや」と。

じゃあＳＩｅｒがマーケティング的なことをやらないかというと、そういうわけではありません。ＳＩｅｒはパッケージベンダーに「おい、リードをもってこい」と言うわけですよ。彼らはマーケティング費用はいらないし、予算もない。ところが一部の会社（パッケージベンダー）はリードをいっぱいもっているから、「じゃあ今週飲みに行く？」みたいな話になるわけですよ（笑）。

パッケージベンダーはよくアワードとかやって表彰したりしますが、あれはたとえば、我々の製品を1億円で売って、ＳＩｅｒは10億とれましたよみたいなことを発表するわけです。そうするとほかの会社が、「うちもあの製品を売ったら儲かるかな」というふうになるわけです。

上田：わかります、よくわかる。僕も顧客分析というのをやったんですけど、仕事をたくさんいただいてる会社、ニッパチ（2：8）とかいうじゃないですか、イチキュー（1：9）とかって。

庭山：1割のお客様が9割以上の売上をもたらすということですね。

上田：そのような感じです。ただ、会社は一方で危機感をもっていて、国内市場、海外も含めてですが、これでいいのかと。「人が足りない」「仕事が多い」と言っているときはいいんですが、これが景気が下がり始めるとマーケティングの話題が盛り上がってきます。僕がマーケティング担当だった頃はそんな時期でした。建設需要が冷え込んでしまって。

庭山：大成建設は、テレビCMもやっていますよね。

上田：あれは営業活動というより、企業ブランド構築を通じた採用促進の目的が強いと聞いています。ただ、新しいお客様との出会いをどのように創って自社の良さをわかってもらうかということに取り組まなければならないという危機感がありましたので、新しい仕組みを構築するためにマーケティングを始めました。

庭山さんがおっしゃったことで僕がいまだに忘れられないのが、弊社はコーポレートブランドはいいとして、ソリューションブランドが確立されていないということ。具体的に何をやってくれる会社であるかがわからない。ですから、それについて徹底的にエッジを立てることにしました。特定の業界、特に医薬品分野、食品分野、医療福祉分野の3分野に対して徹底的に。

大成建設株式会社　医療福祉営業本部
営業担当部長　上田茂数氏

この取り組みがきっかけとなって、現在もお付き合いさせていただいている会社もあります。マーケティングのウェブサイトでは、ターゲットとなる業界に対して事例紹介をさせていただいていますが、中には製餡《あん》工場さんもあります。そのお客様は、当初、「大成建設に発注するような会社じゃない」って言っておられましたが、地域に根差した志のあるとても素晴らしい会社で。そこで全国にあるこのような潜在的なお客様に対して、そんなことはないんですよということを訴求するために、大きい工場だけではなく、規模の小さな案件の事例も掲載させていただいています。「あ、小回りもきく会社なんだな」と。建設業界ってローカルなので、その業界や地域にいかに根差すかということも非常に大切なんです。

油野：業種特化マーケティングが功を奏したんですね。

上田：あのとき分析していただいて、「これは外す」とか「これは残そう」とか徹底的に議論したうえで、医薬品・食品・医療福祉という分野に絞って、そこにエッジを立てようと。とにかく外そう、マーケティングの対象から外しましょうと。

庭山：私、最初は失礼なことを言ってしまって。「いまどき『総合』が付くものなんてダメなんです」と。自分でもひどいなと思ったんですけど。

上田：「何でもできます」は「何にもできない」って。あと、うちの技術者個人を売ろうというお話もいただきましたね。

庭山：大成建設さんはあまりにも大きい。当時社会的な大型工事をガンガンやってた頃だから、一般的には親しみが湧かないんですよ。なので、エンジニアの方に出ていただいて、自分たちの技術を語ってもらいました。戸塚に自社の技術センターをもっていてすごいことをやっている。たとえば、芝のプロフェッショナルとかいたりして、ずっと芝のことを研究している。その人が監修した芝が日韓ワールドカップで、ヨーロッパのトッププレイヤーから「この芝すごい」と言われたり。

会社って面白くて、出せばいいのに出してないものがたくさんある。そういうのを僕らは見つけて「これを出しましょう」と提案します。モーターとか部品業界も、あんまりマーケティングとかしてなかったじゃないですか。営業というのは既存に対する引き合いのベタ営業だけなのですか？

田添：実は、うちもビッグユーザー中心の会社だったんです。そういうところに対してどれだけキッチリやるかというのが、私たちの営業だった。それで何をやるかというと、標準品をそのまま売るんじゃなくて、「カスタマイズしてこんな形にしますよ、そうすればこの中に収まりますよ」と提案するんです。そしたらお客さんはもう離れられないですよ。そういうスペシャルな形にしちゃえば、普通のモーターをもってきても合わないから。

もちろんカスタマイズすることで、お客さんの製品も他社にないメリットがつくれる。そういうことをやることで私たちはお客さんを逃がさない。だからカスタマイズを売るのが営業の仕事だったんです。

その一方、山洋電気は新規顧客が苦手だった。なぜかというとカスタマイズしにくいから。数が少ないので、カスタマイズの範囲が狭いんです。これはどこの支店にいっても同じような状況で、ビッグユーザーがいくつかあって、あとはなかなか大きくできない。ビッグユーザーには週に2〜3回足を運ぶけれども、ほかのお客さんにはなかなか行けないというような状態。そういう中で「いや、やっぱりこの状態はまずいよ」と。特に半導体業界などは波が激しいですから影響も大きい。ですから、第二、第三の柱をつくらないといけないというのが昔からの命題だったんです。

そうはいうものの、その「新規」をどうやるのか？ 医療品、食品、化粧品を、うちでは「さんぴん（三品）」と言ってたのですが、ここは安定しているからなんとかしようという話がありました。昔は企業録を片っぱしからめくってリストアップしていました。今ならネットでリストアップして、それをエクセルに打ち込ませます。私も新人の頃何回かやりました。そしてローラー作戦ですよ。

今でも管理職の半分くらいはローラー作戦をしたがります。自分の成功体験もありますからね。だけどなかなか結果につながらない、それはそうですよね。代表電話がわかっているだけではキーマンに行きつけないし、お客さんがほしい時期に行かなかったら商売になるわけがない。それをできるようにするのがマーケティング

山洋電気株式会社　営業本部
主事補　田添裕康氏

ですが、なかなかそれを理解していただけないというのが一番苦労しているところです。

庭山：リクルートは、当時も今もマーケティングはないですよね。

坂尾：少なくとも当時はないですね。今はどうやっているかは知りませんが、僕がいた頃は基本的には絨毯爆撃ですよね。冗談抜きで「すべてのビルに飛び込め」というのをやってました。基本的にはどの部署も営業力というか。

庭山：あとは商品が強いんでしょうね。

坂尾：そうですね。マーケットシェアが本当に高かったので、特に紙で媒体を送ってた時代は学生への到達率がまったく違った。学生の自宅に資料を送るわけですが、昔は下宿がありました。学生の名簿を集めたりメンテナンスをする事業推進部という部署に何十人もスタッフがいて、全国の下宿屋のおばさんのところに訪問して挨拶する。なぜそれをやるかというと、下宿

ベリタス・コンサルティング株式会社
代表取締役社長　坂尾晃司氏

に20人とか学生がいると段ボールが20個くらい届くので、怒って捨ててしまうのです。学生の部屋にもっていってくれないと困るので、下宿屋に行くとリクルートのかもめのマークの灰皿とか時計が必ずある。そういうのを全国津々浦々でやっていました。

何社も競合があったんですけど、彼らはそういうことをやるパワーがなかったので紙の媒体が届かない。その時代に、リクルートは全国にインフラをつくってしまったのでレベルが違ったんです。たとえば見開きの広告では、リクルートの値段は他社の倍くらいでも買っていただけた。それがいまウェブになって、シェアが一気に落ちてしまいました。

営業とマーケティングの間にある深い溝

庭山：次なるテーマは「マーケティングと営業」についてです。私たちの会社は、マーケティング会社で、お客様のマーケティング部門をお手伝いしています。マーケティングで絞り込んだ案件を営業に渡すわけですが、日本の企業では営業とマーケティングの仲が悪い。アメリカの仲の悪さとは違うんです。アメリカはマーケティングが強い。社長を一番輩出する部門なので、ＣＭＯはホントに偉いわけです。だからアメリカの場合は、「俺たち別格」みたいにマーケが威張りすぎなんです。一方、営業は基本的にセールスレップなので、フルコミッション（完全歩合制）。お金はいっぱいもらっているけれど、「俺たちはソルジャーだよ」といった関係です。

日本の場合はまったく逆で、営業のほうが、偉くて強い。だから、「俺たちは忙しいのに、なぜお前たちがつくったリストをフォローしなきゃいけないんだ」という感じなのです。これがいま悩みの種です。

マーケティングをやっていないときは「展示会を仕切っておけ」「業界紙に広告を出しておけ」というかたちで、営業との接点がないのでケンカにもならなかった。ところがマーケティングを始めると、急に営業に「名刺を出してください」となり、そこから始まって「俺の名刺に何をするんだ」と確執が始まる。「ナーチャリングしたいので、一緒にお客さんのところへ行ってください」と言うと、「俺の客に何を聞くつもりなんだ」と怒られる。最後には案件をなかなか追ってくれない、フィードバックもくれない。皆さん、両方を経験されてると思うのですが、これはなんとかならないものなのでしょうか。

シンフォニーマーケティング株式会社
代表取締役　庭山一郎

田添：はっきり言って、営業がほしいリードというのは「注文につながるリード」なんですよ。マーケティングで絞り込むことによって、今まで絨毯爆撃をして100件に1件だったのが、50件に1件になるかもしれない。でも50件に1件でも営業には全然足りないんです。営業がほしいのは「1件で1件」なんです。ここがすべてなんですよ。でも、なかなかそういうわけにはいかない。30件に1件だったら営業はもうちょっと真剣にやると思います。絞り込みの確度の問題です。

うちの場合、当初はとにかくなんでも営業に振って、「とにかくまず見てきてくれ」というスタンスだったものですから、大ハズレが多かった。だから「やってられないよ」という意識が強くなってしまったのが、まず第一の失敗。最初が良ければ、「あ、これはモノになるぞ」となったかもしれません。

庭山：数が少なくてもいいから濃いものを渡して、「お、いいじゃん」となったら違ったと。

田添：そうなったら、もうちょっとマーケからのリード数が増えても追ったと思います。

上田：僕も、一番最初に、田添さんがおっしゃったみたいに、バサっと営業に渡してたんです、シンフォニーさんとつきあう前です。でも、営業がまったく相手にしてくれないので、これはいかんと。そこで「プレ営業」みたいな部分が必要ではないかと考えました。マーケティング部門に所属していて、営業との接点、いわゆる〝のりしろ〟みたいな部分までをマーケティングがやったほうがいいんじゃないか、新規に関してはと。

展示会でいただいた名刺で反応を見ながら、もうひとつプラスして、テレマーケティングに取り組んでみました。電話をかけて、相手の方からコミュニケーションしてもいいですよ、ぜひ来てくださいと言っていただいたリードだけを営業に渡しました。営業としては、客先に行きやすいことが重要なんです。僕もそうなんですが、まったく新規のお客様に飛び込むことについては、やはり抵抗があります。ここだったら行っても大丈夫だよというところをリストで受け取ると、営業は安心します。あとは行くだけなので。そういう形にして渡せば新規営業の生産性も向上します。あとは、渡す営業の状態。案件対応に追われている忙しい営業に渡してもダメですね。

庭山：お腹がへっているところに渡さないとダメなんですね。

上田：そこで成功事例を出すと、ほかにも見てる人がいますから、こりゃいいなと。たとえば、ある役員が気付くとか。そうやって社内に広げていくことが大事なのかなと。これはやっぱり実績主義なので。

田添：成功体験をどれだけつくれるか。

上田：そうなんです。小さく始めて徐々にちゃんとマーケティングを育てていって、社内に浸透させるみたいな、そういうやり方をとらないとダメだった。だから結局、自分が初期対応をしてたんです、あのときは。たまたま上司がいいよって言ってくれたので、営業に行ってもらわずに最初は自分で行って、「あそこは脈があるよ」っていうリストを営業に渡していました。

そして、その成果を「マーケティング部門は社内的なアカウンティングセールスだ」という位置付けにして社内各所で発表しました。やはりマーケティングと営業の間に、プレセールス（アカウンティングセールス）のような役割を入れてあげると、大変スムーズに行くのかなと自分自身は思っています。

油野：その社内での発表の仕方が、「こういうふうに行ったよ」という言い方と、「営業がダメでもマーケがやったからとれた」という言い方の2種類ありますよね（笑）。売れていない営業は、みんなから「できない」と思われているから。

庭山：たとえば、SFAをカーディーラーが入れるとするじゃないですか。カーディーラーというのは、県単位でディーラーがいて、県内に多くの営業所があるんです。営業所長は皆、かつてのトップセールス。一国一城の主なので、「案件を渡します」なんて言っても「いらねぇよ」と言われて、以上なんです。

では誰に案件を渡すかというと、営業所長会議をやるときに毎月詰められる若手営業所長なのです。営業成績が下から5番目みたいな人。この人は追ってくれる。だから最初はこっちからなんですよ。ここに、次の会議までになんとかしましょうよと持ちかける。彼らは困ってるから話を聞いてくれる。埼玉の大宮営業所のような顧客をたくさんもっていて売上トップの営業所は、最初からまったく相手にしてくれません。

坂尾：僕らのお客さんでもそういう話は山ほどあって、「営業の仕事を邪魔するな」くらいに思ってる人がいる。とくに古い方であればあるほど、「そんなのゼロから全部やってこそ営業だ」と。営業のほうが偉いというのがすごく強いので。

庭山：偉いんですよ。売上をつくるんですから。

坂尾：そうなんです。そうなんですけど、営業がとにかく一番上という意識が強すぎて、マーケがリードをもってきても「そんなのいらんわい。営業の仕事をとるな」くらいのことを言われる。

アポとりって嫌じゃないですか。コールドコールをするのは誰も好きじゃない。僕がリクルートにいたとき何をやったかというと「落S（オチエス）」といって、古い先輩の名刺とかごそっともってきて、そこに「昔の先輩がお世話になりました」と電話をするんです。でも、そうすると「ズルイ」って言う人がいるんです。「手を抜くな」とか。いやいや、売上を上げるのが仕事なんじゃないんですかという話をしても、結局そう思わない人がいる。それは、今の日本企業でもそうなのかもしれません。

上田：飛び込めと。自分でやれと。

坂尾：そう。根性論。旧日本軍と一緒なんですよ。本当にそうなんです。竹槍だろうとなんだろうと戦うことが大事だって。いやいや戦争負けるからって（笑）。

上田：だから「失敗の本質」（※）なんですね。

※『失敗の本質　日本軍の組織論的研究』（戸部良一ほか著／中公文庫）。大東亜戦争での作戦失敗を、組織としての日本軍の失敗として分析している。

日本企業は「引き合い依存症」

庭山：油野さんは、ＮＴＴデータから、パッケージベンダーであるインフォテリアへ行って、パートナーをつくりましたよね。そのときは、インフォテリアがマーケティングをして案件をパートナーに供給したんですか？

油野：当時は、弱小パッケージベンダーでしたから、パートナーに案件を供給して売上を上げないと連携できません。パッケージ1本500万のものを売っていくら利益が出ますか？ 100万、200万円といっても値引きして売ったらどうしようもない。そうすると、ＳＩ案件でおいしいところの3000万とか5000万くらいの案件をもってきてパートナーに紹介する。

上田：スプーンですくって、口までもっていくわけですか。

油野：そうしないと、日本のＳＩ会社は食べないですね。それを食べてるうちに、「じゃ自分でも食おう」と言い出す。そこまでやる。日本のパッケージベンダーとＳＩ会社はそういう関係なんです。だからＳＩ会社にはマーケティング部門がないんです。

庭山：「あーん」って言って、パッケージ売ってほしかったら、案件をほら口に入れろと。

油野：庭山さんに聞きたいのはその「縄張り」の話なんですけど、「マーケティングってどこまでがマーケティングなのか」というのが、今はもう変わってきてるじゃないですか。

「島耕作」の初芝電器だったら、宣伝広告部がマーケ

ティングだったのに、今はリードをとるところまでいっている。で、頑固な営業部長は「リードをとるのは若手の仕事だ」とか、ナーチャリングは営業が毎日客先へ行って、頭下げていたのを「ナーチャリング」と英語で言ってるだけで、「要は人脈形成だ」みたいなことを言うじゃないですか。汗ながして、靴へらしてなんぼやと。「雨の日、どしゃぶりの日にこそ営業に行け」、僕もそういうことを言う部長だったんですけど、なんか違うなと。

坂尾：いまだにたぶん「てんびんの詩」っていう、あの世界が営業だって思っている人多いですよね。

庭山：鍋ぶたを洗うビデオを見て号泣する人いますよね。近江商人の教育方針で、ある年齢になったら鍋ぶたを売りに行かせるんですよ。それで売れるまで帰ってくるなという。あたりまえだけど売れないわけですよ。それでずるいことやったりする。嘘ついたりとか。

坂尾：最後は、ある家で放ったらかしにされていた鍋を川で自主的に洗っているのを家の人に見られて、そしたら「あんた買ってあげるよ」と言われて、そこから売れ出すみたいなストーリー。でもたぶんそういう世界が好きな人はいっぱいいらっしゃって。

庭山：基本的には日本の製造業やＢtoＢは「引き合い依存症」なんですよ。だから、引き合いに対する対応は世界一です。とにかくクイックレスポンスで誠実に対応して、それこそ地獄の底までつきあう。アメリカ人は、こんなことやらないですよ。お客さんとアフター5に飲みに行ったり、日曜に仕事したら、アメリカ人の奥さん本気で怒りますからね。そういう面では日本人はすごいし、既存顧客に対する引き合い対応もすごいんだけれど、逆に引き合い対応しかできなくなってしまった。それがいま一番困っていることであり、マーケティングが求められている理由なんですね。

上田さんはマーケティングの仕組みを立ち上げて、現在は営業を担当している。もし、マーケから案件が来るとしたらどういうものがほしいですか?

上田：長期にわたってきちんとお付き合いさせていただけるお客様がいいと思っています。すぐすぐ仕事をいただける会社なんて通常はありません。建設業はとにかくリードタイムが長いんです。たぶん5年か6年くらいかかる。その間、営業が絶えることなくきちんと行くことができるかが大切になってきます。僕はどちらかというと新規のお客様が多いので、きちんと長くお付き合いさせていただけるお客様で、頼りにしていただき、将来ご縁をいただいてお役に立てればいいなと思って行動しています。

庭山：僕らはマーケティングの仕組みをつくるのが仕事ですが、「主役は営業」なんですよね、絶対的に。売るのは営業なんですから。マーケは絶対に営業のサポートをしなければいけない。ということは、営業がやってるど真ん中は邪魔しないほうがいいんです。

顧客担当営業が、週3回行っているところ、自分が会いに行っている人にマーケからメールを出されても迷惑だという営業の発想はわかる。だから、僕らがお手伝いできるのは「営業の目の届かないところ」。自分が担当している会社だけど、ある事業所はまだ行ってないとか、そういうところですね。

油野：マーケティングと営業の協力とか、どんな案件がほしいかというのを推し進めていくと、最終的に「営業は自動販売機でいいんじゃないか」と僕は思うわけです。お金をもってるお客さんを呼んで、このジュースがおいしいですよと。テレビやウェブでコマーシャルして、展示会に呼んで、お客さんがお金入れて商品が出るだけだったら自動販売機と同じ。だからマーケティングオートメーションが進むと営業がいらなくなる。

もちろん、これは極端な話ですよ。本当に長年マーケティングをやってきた庭山さんみたいな人以外の、最近マーケティングオートメーションをやり始めたような人の話を聞いていると、営業マンはもうアルバイトでもよくなるんですよ。営業をアウトソースする話も今けっこうありますよね。

田添：あります、あります。

坂尾：そういう買収の話も増えていますよね。

上田：「マーケティングの究極の目的はセールスをなくすことだ」と言われていますが、現実的にはそれはありえないと思います。

庭山：あれは実務を知らない人、昔の学者がよく言っていたんだけど。特にB to Bはありえないです。本当にプロの世界なので。絶対ない。

上田：結局、買うときはその人を信頼して買いますから。会社だけじゃなくて。

マーケティングにできること

庭山：ある部品屋さんの営業の方とお話をしたとき、やはり「マーケティングはいらない」と言うんですよ。とくに主要顧客の日本上位100社くらいは営業がバッチリついてるから、そこからの案件を見逃すはずはないと。だから、シンフォニーさんはロングテールをやってくれみたいな話なんですよ。だけど部品メーカーは売上の構造からして、まさに1割のお客様が売上の9割を占める世界。ロングテールというのは、テール（しっぽ）を長く伸ばしていったら頭を超えるサイズになるからロングテールなんですよね。でも、実際はロングテールの売上を全部集めても、ほんの少しの売上にしかならない。

上田：糸みたいなね。

油野：「営業」と「マーケ」に、もうひとつファクターをもってくると話が変わってくると思っている。「製品・サービスの優越性」というのがあると思う。たとえば、営業の中には、売れない製品を売っている人がいる。売れ筋や売れてる業界をやらせてもらってる人と、売れない製品や業界を任されている人。その中で、「営業」「マーケ」にプラスして「製品・サービスの優越性」というのがあるんじゃないかなと思うんです。そうすると10が3になったり、10が5になったりする。

庭山：そうなんです。私たちは、売れてる製品のマーケティングを頼まれることは、残念ながらないんですよ。マーケティングはいらないじゃないですか。うまくいってるんだから。だから基本的には「売れてない」「うまくいってない」ものを頼まれるんです。

ただこの中に、マーケががんばれば売れるものがある。製品としてはいい、だけどお客様はそれを知らない。その会社にとっては3番手、4番手の製品で、その会社のメインのクライアントですら、「そんな製品もってたの？」という製品が絶対にあるんですよ。これを知らしめることができれば、「ちょっともってきてよ」と言われて採用になる。

もうひとつは、油野さんがおっしゃる通り、「誰がやっても売れないな」というのがあるんです。最近はそういう製品はお断りしています。僕たちは神様じゃないので無理ですと。これは売れないでしょと。

上田：売れないものはマーケティングできないという原則ですね。

庭山：でも、日本企業は捨てるのがヘタなところがホントに多いんですよ。

油野：「売れないものは悪いもの」みたいな話がありますが、会社が意地になって売り続けてるものもある。絶対に売れない商品なのに、社長が大好きで金かけたら売れると信じ込んでる。でも、それってMAや広告代理店的には、すごくおいしいんじゃないですか？

（笑）

庭山：だからひとつは「見極め」というか、マーケティングのプロが入って、「これは投資する価値はないから、やめたほうがいい」と言ってあげることも大切で。製品をつくっても売れないっていうものを、日本人は社内で言うことができない。営業がそれを言うと〝売れない言い訳〟になってしまうので。

その辺をアセスメントするのも、ひとつのバリューかもしれないですよね。僕らもけっこう懲りているのですが、

お客さんもずるくて最初は「がんばれば売れる」「すごくいい製品だ」とか言うんですよ。それで、後になって結果が出ないと「実は……」って。それは〝後出しじゃんけん〟だと思うのですが。「それ、先に言ってよ」と思うことがいっぱい出てくるんですけど、そこは僕らがアセスメント能力をつけないといけない。「これはもう投資する価値がないです」とはっきり言わなければいけない。

でも、特に製造業の場合、圧倒的に多いのは、「お客様にちゃんと知らせれば売れる」というパターン。マーケティングがすごく下手なんですよね。

営業がほしい案件の大きさ

庭山：マーケから、ほしいリードのボリューム感や案件の大きさをたずねられたら、どのように答えますか?

油野：それは営業予算の割り算。今期予算の割り算だと思います。マーケティングに聞かれたらそう言うでしょうね。「どれくらいほしいの?」と言われたら、「今期これくらい見えてて、ここが見えてない」と。「ここがチャレンジの部分だけど、マーケティングでなんとかしてくれんかな。去年は100件もらって8件やったなと。でも今期は8件じゃ足りないから、あとリード300件くらいとれへん?」という話をして、「いや300って予算どうすんの? 今からイベントやる? じゃそれ予算いくらなの?」そんな感じですよ。

田添：これは両方あるんですよ。まず数字的なところを言うと、自分の予算を達成するだけのボリュームがほしい。けれど、ほとんどは10万円、20万円から始まる案件です。でも営業マンというのは、お客さんと話をしていて、小さい額でもお客さんに「ほしい」と言われることが好きなんです。そういう話ができる場にいられたら、営業マンはそれだけで喜びます。

一方、行ってはみたけれど、お客さんは情報を聞きたいだけで、別にほしくもなんともない。「じゃあね」で終わってしまう話がある。それが営業マンは一番嫌いなんです。「こういうのができたら買ってあげるよ」「こういうのができたらちょっと引き合いとして出してあげるよ」という話だけでもあれば、比較的数がなくても、営業マンは受け入れますよ。

庭山：マーケティングからダイレクトに営業に案件を渡すと、そのあたりの感覚がわからないんですよ。だから、僕らは、お客様になるべく「インサイドセールス」というコールチームをつくっていただいて、まずは、そこに落とすようにしています。そのチームは営業OBや、営業アシスタントをやっていたけれども退職した女性が週に3回来てくれればいい。その人たちは、自社の営業は「ここまでやれば追ってくれる」ということがわかるので、そこに対して案件を供給する。

するると、「あの営業はここまで詰めないと行かない」「あの人はここまで詰めると、大きなお世話だと怒る」というように調整してくれる。それを調整できるのは社内の人間なんです。社内のチームにそういう機能をもたせるというのを、いま僕たちは推奨しています。

そのチームを「トップ下」と呼んでいます。サッカーでいう「トップ下」ですね。僕らマーケティングは、いわば「ディフェンス」なんです。ディフェンスがセンターフォワードにロングパスを出そうとしたんだけれど、それはセンターフォワードからしたら気にくわないパスなわけですよ。「いらんわ、こんなの」みたいな。だから僕たちはそこに直接パスを出さないで、トップ下にボールを集める。彼らがそれぞれのフォワードの特質を知っているから、その人にキラーパスを出してもらう。キラーパスを出すトップ下にボールを集めるというような役割にしないと、ちょっときついかなというのが正直あります。

田添：リードにバリエーションつけるといいんでしょうね。

油野：組織論になると思うんですけど、僕はマーケと営業をひとつにするべきだとずっと前から言っています。僕はマーケがあげてきたパスは絶対に信頼してるし、マーケがあげてきたパスでシュートができなかったフォワードの営業は呼んでしばきます。「お前なんでとれへんねん」と。「あいつがとれると言ったらとれるんや」と。マーケのほうもそう言われたら、絶対なにか出さなければいけない。案件の数が足りなかったら必死で拾ってくるわけです。

今、マーケティングとセールスは、どこまでがどうなのかがわからなくなっているので、トップを1人にすればみんなうまくいくのになと思うんですけどね。

庭山：なぜか日本はそこを分けたがるんですよね。

油野：分けたがりますね。

庭山：坂尾さんがコンサルしている会社はどうですか。分けてますか、一緒ですか？

坂尾：まず、マーケの専門部隊がないという会社が圧倒的に多いです。機能としてはあっても、結局「営業は稼ぐもの、マーケはスタッフ」というのが多いですよね。営業は一番偉いというふうになっているので、連携どころか「あいつらは偉そうなことばっかりで、全然役に立たん」みたいなことを言っている。

庭山：だいたいそうです。「金ばっかり使って」と。

坂尾：では、営業がちゃんとマーケティングができて

るかというとできてないわけですよ。たとえば、引き合いに対する対応だけはすごく上手だという話がありましたが、ほんとにそれは痛感しています。

僕らが営業研修をやらせていただくとき、たとえばＳＩｅｒさんのケースを使って、「お客さんの情報をまず最初に集めましょう」と。それを踏まえて課題を設定して、それに対して提案をつくるというのを研修でやるわけです。すると、そこでどういう情報をとるかというと、もうね、引き合いを前提にした情報しかとらないんですよ。たとえば、「今どんなハードウエアを使ってますか」とか、すぐ自分たちの提案に直結する話しか聞こうとしない。お客さんのビジネスにまったく興味を持たないし、お客さんの会社の情報を全然とろうとしない。顧客の顧客、顧客の競合という情報もまったくとらないんですよ。

これは、どこの業界であっても一緒なんですが、そのあたりの情報をとっていかないと、マーケティング的発想にもとづく営業ってできないはずなのに、ポーンと既存のお客さんから引き合いが来て、それに対応する、スイッチ切ったような営業しかしてないっていうのが如実にわかるんです。

庭山：日本企業が変わるためには、マーケティングサイドも営業サイドも解決すべきことが山積みですね。今日は、業界でも貴重な経験をお持ちの皆さんにお集まりいただき、マーケティングと営業の課題について本当に幅広く、深い話を聞くことができました。ありがとうございました。

（２０１５年７月29日開催）

用語解説

アトリビューション分析（Attribution Modeling）

ネット広告などで用いられる分析手法。商品購入や会員登録などの直接・間接コンバージョンに、そこに至るまでの施策がどの程度貢献しているかを横断的に分析するもので、もともとは金融業界で使われていた言葉。

クッキー（Cookie）

ウェブサイト訪問者のパソコンに、一時的にデータを保存するための仕組み。訪問者の識別や、最後にウェブサイトを訪れた日時などを記録し、次に訪問したときに自動的に識別する場合などに利用される。

クロージング（Closing）

営業活動において受注を確約する活動。

コールドコール（Cold Calling）

ナーチャリングやスコアリングを経ないリードに対して電話をする行為。まだ興味の度合いやニーズなどがまったくわからない「冷たいリスト」にかけるのでこう呼ばれる。

データマート（Data Mart）

OSやミドルウェアなどのインフラやアプリケーションが異なるデータベースから、ある目的で抽出されたデータの部分集合、またはそれを作るためのソリューション。

これらの用語解説は、シンフォニーマーケティング株式会社が定義するものです。ご了承ください。
シンフォニーマーケティングでは、このほかにもマーケティング用語を解説しているページを公開しています。以下のURLを参照してください。

マーケティング用語集（マーケティングキャンパス）
http://marketing-campus.jp/word/

動で、日本では展示会、セミナー、オンラインでの資料ダウンロード、営業名刺のデジタル化など。

リードナーチャリング(Lead Nurturing)

見込み客の育成プロセス。リードジェネレーション活動で収集した見込み客を、メルマガやセミナーなどで啓蒙・育成するプロセス。

リードクオリフィケーション(Lead Qualification)

見込み客データベースから有望な見込み客を抽出すること。スコアはここで使われる。

ABM(Account Based Marketing)

ターゲット企業(アカウント)を定義したうえで、戦略的にアプローチするためのフレームワークまたは手法。マルチコンタクトポイントでデータを収集・管理し、複数部門が連携することが重要。リストアップしたターゲット企業にフォーカスした多次元かつ波状的なマーケティングやセールスを展開することが可能になる。

API(Application Program Interface)

あるアプリケーションをほかのアプリケーションから利用するために用意された機能、またはシステム構築上の規約のこと。これを利用することで他社のシステムと自社のシステムを連携してサービスを構築することができる。

デマンドジェネレーション(Demand Generation)

「営業機会の創出」と訳され、有望見込み客リストを営業部門へ渡す活動全般を指す。展示会、セミナー、ウェブ、メール、テレマーケティング、DM、広告など非常に多くの要素で構成されている範囲の広い言葉。

名寄せ/マージ(Merge)

もともと主に金融業界で使われている用語で、同一預金者の複数口座の預金額を合算することを指す。見込み客データベース内の重複している同一人物や企業のデータをユニーク(一意)な状態にすること。

パイプライン(Pipeline)

SFAで、案件化してから受注・失注、納品するまでのプロセス。案件と担当営業をひもづけて可視化し、透明のパイプの中を案件が受注に向けて進んでいく様子をイメージした言葉。

パージ(Purge)

見込み客データベースに存在する競合や営業対象外のデータを除外することを指す。

リード(Lead)

見込み客。既存顧客、過去客も含む。

リードジェネレーション(Lead Generation)

見込み客(リード)を獲得するための活動や行

理し、条件に合わせてウェブページを自動的に生成するシステム。コンテンツの作成者はHTMLコードを意識することなく更新可能となり、ウェブページのデザインや品質にも一貫性をもたせることができる。

CTI（Computer Telephony Integration）

コンピュータと電話を統合したコールセンター用の業務アプリケーション。サポートセンター、お客様相談室など、顧客に電話で応対するコールセンター業務に広く利用されているシステム。

CRM（Customer Relationship Management）

顧客の購買履歴をベースにコミュニケーションを管理し、クロスセルやアップセル、リピート率の向上などを実現するシステム。

IMC（Integrated Marketing Communication）

統合型マーケティング・コミュニケーション。マスメディア（テレビ・ラジオ・雑誌・新聞）での広告だけでなく、電話、FAX、インターネットなど、さまざまなメディアを融合することで、マーケティングコミュニケーションの効果を最大化しようとする考え方。

KPI（Key Performance Indicator）

「重要業績評価指標」と訳され、目標を達成するための重要なプロセスを定義し、その達成度を定量的に測る評価指標。

BI（Business Intelligence）

体系的にデータを分析するプロセス、またはそのためのソリューション。

BtoB（Business to Business）

法人営業。業務システムや工作機械など、エンドユーザーが法人となる商材を提供するビジネスを指す。

BtoC（Business to Consumer）

法人が消費者向けに行うビジネス。BtoBtoCとなるアパレル、化粧品、清涼飲料水なども、エンドユーザーは一般消費者となるのでBtoCに分類している。

CGI（Common Gateway Interface）

ウェブページで動的な処理を行うための仕組み。たとえば、アクセスした人が入力した内容をデータベースに書き込む処理を行うことができる。

CMO（Chief Marketing Officer）

「最高マーケティング責任者」と訳され、全社のマーケティングを統括する経営幹部のこと。

CMS（Content Management System）

ウェブページの構成要素であるテキストや画像などのデータと、ウェブページのデザインテンプレートをバックエンドデータベースで管

SEO（Search Engine Optimization）

検索エンジンの検索結果の上位に自社のウェブサイトが表示されるように工夫すること。また、そのための技術。「検索エンジン最適化」などとも呼ばれる。

SFA（Sales Force Automation）

営業案件のプロセスを管理するためのシステム。営業案件や営業パーソンの行動を可視化する目的での導入企業が多い。

SGL（Sales Generated Lead）

営業みずから創出した「引き合い」に相当する案件のこと。

SQL（Sales Qualified Lead）

SAL（Sales Accepted Lead） とSGL（Sales Generated Lead）の集合、またはそのリストを指す。

MQL（Marketing Qualified Lead）

マーケティング部門が絞り込んだ有望な見込み客、またはそのリストを指す。展示会やオンラインで獲得したリード（見込み客）を啓蒙育成（Nurturing）し、あるスコアで絞り込んだもの。

ROI（Return On Investment）

投資利益率、投資対効果。BtoBマーケティングは単年度で売上や利益に貢献できないケースが多く、マーケティング活動の評価には向いていない。

ROMI（Return On Marketing Investment）

マーケティングへの投資利益率の指標。マーケティング関連に投資したコストの費用対効果を計測するKPIで、米国では数年前から浸透している指標。「マーケティングROI」とも呼ばれる。

SAL（Sales Accepted Lead）

マーケティング部門から供給されたMQLのうち、営業が承認した（受け入れた）案件のこと。

SEM（Search Engine Marketing）

検索エンジンから自社ウェブサイトへの訪問者を増やすマーケティング手法。検索結果のより上位にサイトが掲載されるようコンテンツを最適化するSEO（Search Engine Optimization：検索エンジン最適化）や、有料リスティングサービスによる広告掲載などの手法がある。

おわりに

この本はタイトルの通り、マーケティングオートメーションの選定と運用、つまりデマンドセンターの構築にフォーカスして書いています。しかし、言うまでもなくこれは「はじめの一歩」です。

自社の製品やサービスに最適なマーケティング戦略を策定し、それを実現するための組織を構想し、戦略を実現するために最適なマーケティングオートメーションを選定して、セットアップし、整理整頓したデータを登録したときから、売上に貢献するための終わりのない旅が始まります。

絞り込んだハイスコアリスト（ＭＱＬ）を営業や販売代理店にどう渡すのか、そのフォロー状況をどうやってフィードバックしてもらうのか、ＳＦＡと連携するときの注意点や、ＳＦＡのパイプラインの途中で落ちた案件をどう扱うかなど、課題は山積みです。

マーケティングオートメーションを使ったデマンドセンターの運用が始まって10年以上たつ米国企業でさえ、「渡したリードの50％は営業に無視されている、これをどう改善すべきか」というテーマで真剣なディスカッションを重ねているくらいです。

MQLの質を向上し、営業のアクセプト率を上げていくことは、BtoBマーケターにとって永遠の課題なのです。それを実現するためには、理論を学び、実践を繰り返しながらマーケティングナレッジを高める以外に方法はありません。

私は、BtoBマーケティングは「科学と感性が高いレベルで融合した、この世で最も素敵な仕事」だと考えています。データマネジメント、インターネットテクノロジー、統計解析などの科学と、コンテンツマネジメントや他部署とのコミュニケーションなどの感性が高いレベルでバランスしていなければ、結果を出せないからです。そして、この科学と感性のバランスを実現した企業こそが、「世界で戦える企業」になると考えています。

私たちは、日本のBtoBマーケティングの夜明けに立っています。そして、マーケティングは企業の未来を創る仕事です。本書が皆さんのお役に立つことを祈っています。

蔵前の焙煎ショップ「縁の木」で挽いてもらったコーヒーを飲みながら。

2015年 晩夏　　庭山一郎

シンフォニーマーケティング株式会社
代表取締役　**庭山 一郎**

1962年生まれ、中央大学卒。1990年9月にシンフォニーマーケティング株式会社を設立。データベースマーケティングのコンサルティング、インターネット事業など数多くのマーケティングプロジェクトを手がける。1997年よりBtoBにフォーカスした日本初のマーケティングアウトソーシング事業を開始。製造業、IT、建設業、サービス業、流通業など各産業の大手企業を中心に国内・海外向けのマーケティングサービスを提供している。
海外のマーケティングオートメーションベンダーやBtoBマーケティングエージェンシーとの交流も深く、長年にわたって世界最先端のマーケティングを日本に紹介している。
年間で100回以上に及ぶセミナー講師や、ノヤン先生として執筆している『マーケティングキャンパス』等、多数のマーケティングメディアの連載を通して、実践に基づいたマーケティング手法やノウハウを、企業内で奮闘するマーケターに向けて発信している。

プライベートではブナの植林活動など「森の再生」をライフワークにするナチュラリストでもあり、群馬県赤城山麓に「シンフォニーの森」を保有し、ブナの森の復元プロジェクトに取り組んでいる。
DMA(Direct Marketing Association：米国ダイレクトマーケティング協会：本部NY)会員。

http://www.symphony-marketing.co.jp/（シンフォニーマーケティング株式会社）
http://marketing-campus.jp/（マーケティングキャンパス）

著書：『ノヤン先生のマーケティング学』（翔泳社）
『サラサラ読めるのにジワッとしみる「マーケティング」のきほん』（翔泳社）

お問い合わせについて

本書に関するご質問、正誤表については、下記のウェブサイトをご参照ください。

正誤表　http://www.shoeisha.co.jp/book/errata/
ご質問　http://www.shoeisha.co.jp/book/qa/

インターネットをご利用でない場合は、FAX または郵便にて、下記までお問い合わせください。電話でのご質問は、お受けしておりません。

〒160-0006　東京都新宿区舟町5
FAX番号　03-5362-3818
宛先　（株）翔泳社 愛読者サービスセンター

※本書に記載されたURL等は予告なく変更される場合があります。
※本書の出版にあたっては正確な記述につとめましたが、著者や出版社などのいずれも、本書の内容に対してなんらかの保証をするものではなく、内容やサンプルに基づくいかなる運用結果に関してもいっさいの責任を負いません。

装丁・本文デザイン：宮嶋章文
DTP：株式会社アズワン
通訳：神田千尋
通訳コーディネート：株式会社グローヴァ
協力：白羽玲子
編集：井浦薫（翔泳社 MarkeZine 編集部）

【初出一覧】
本書の 1 ～ 4 章は、以下の連載記事をもとに加筆・再構成しています。
URL はバックナンバー一覧です。

●「科学と感性の BtoB マーケティング」（2014 年 1 月～ 2015 年 6 月）
ITpro Marketing（日経 BP 社）
https://itpro.nikkeibp.co.jp/article/Active/20140109/529022/
●「世界で売るためのマーケティング」（2015 年 5 月～ 8 月）
小さな組織の未来学（日経 BP 社）
http://www.nikkeibp.co.jp/atclcsm/15/052200003/
●「日本の未来を切り拓く BtoB マーケティング」
（2012 年 7 月～ 2013 年 3 月）
ITmedia マーケティング（アイティメディア）
https://www.itmedia.co.jp/keywords/b2bmarketing.html
●「マーケティングオートメーション　正しい導入と間違った導入」
（2014 年 10 月～ 12 月）
Web 担当者 Forum（インプレス）
https://web-tan.forum.impressrd.jp/l/8986
●マーケティングキャンパス（シンフォニーマーケティング）
https://marketing-campus.jp/

BtoB のための
マーケティングオートメーション
正しい選び方・使い方
日本企業のマーケティングと営業を考える

2015 年　9 月 18 日　初版第 1 刷発行
2022 年　4 月 10 日　初版第 4 刷発行

著　者　庭山一郎《にわやまいちろう》
発行人　佐々木幹夫
発行所　株式会社翔泳社
（https://www.shoeisha.co.jp）
印刷・製本　株式会社加藤文明社印刷所

ISBN978-4-7981-4308-8　　Printed in Japan